ANÁLISE PSICODRAMÁTICA

Dados Internacionais de Catalogação na Publicação (CIP)
(Câmara Brasileira do Livro, SP, Brasil)

Dias, Victor R. C. Silva
    Análise psicodramática e teoria da programação
cenestésica / Victor R. C. Silva Dias. – São Paulo: Ágora,
1994.

    Bibliografia.
    ISBN 978-85-7183-466-8

    1. Moreno, Jacob Levy, 1889-1974 2. Psicodrama
I. Título.

                   CDD-616.8915
92-2348   NLM-WM 430
Índice para catálogo sistemático:

1. Psicodrama : Programação cenestésica : Medicina 616.8915

ANÁLISE PSICODRAMÁTICA

teoria da programação cenestésica

Victor R. C. Silva Dias

EDITORA
ÁGORA

Capa: **Roberto Strauss**

Editora Ágora
Departamento editorial
Rua Itapicuru, 613 – 7º andar
05006-000 – São Paulo – SP
Fone: (11) 3872-3322
Fax: (11) 3872-7476
http://www.editoraagora.com.br
e-mail: agora@editoraagora.com.br

Atendimento ao consumidor
Summus Editorial
Fone: (11) 3865-9890

Vendas por atacado
Fone: (11) 3873-8638
Fax: (11) 3873-7085
e-mail: vendas@summus.com.br

Impresso no Brasil

SUMÁRIO

Aos meus filhos,
Ricardo, Denise e Gabriel.

PREFÁCIO *

Vou falar de Processamento e, até onde minha memória alcança, foi no Congresso de Canela, em 1980, que começou a ser usada a palavra *processamento*. Fui um dos que usou e abusou desta palavra e muitas vezes fui advertido de que não era uma palavra adequada dentro do que então se acreditava ser o psicodrama moreniano.

Durante a mesa-redonda sobre o ensino de psicodrama no Congresso de Lindóia, em 1984, cunhei duas frases que julgo procedentes até hoje e por isto as repito.

A maioridade do psicodramatista só é alcançada quando ele consegue, após fazer uma sessão intuitiva, ir para o quadro-negro e explicar de alguma forma coerente aquilo que ele fez.

Numa reunião de psicodramatistas não é muito difícil se conseguir algum consenso quando falamos sobre as técnicas psicodramáticas. É um pouco mais difícil quando tentamos conceituar sobre a postura do psicodramatista, mas é literalmente impossível quando tentamos processar uma sessão.

Mas, o que é "processar uma sessão"?

Processar nada mais é do que uma tentativa de explicar, com base em alguma conceituação teórica, e numa linguagem coerente, o fenômeno desencadeado.

É explicar o que fazemos, como fazemos e por que fazemos.

A terapia psicodramática é capaz, e isto sabemos muito bem, de desencadear fenômenos intensos, tanto na esfera do relacional como na esfera do intrapsíquico. Mas, na razão inversa desta enorme capacidade de mobilizar os sentimentos humanos, carece ainda de uma linguagem consensual com a riqueza semântica compatível para a explicação não ambígua do fenômeno por ela mesmo desencadeado.

Neste Congresso, que se iniciou com o tema da pluralidade foi surgindo pela força do próprio ato criador moreniano a preocupação e a tentativa de compreender-se a si mesmo.

---

* Processamento final do Oitavo Congresso Brasileiro de Psicodrama — São Paulo 10 a 14 de outubro de 1992.

É o processamento começando a emergir como o grande desafio para nós, psicodramatistas. Nas mesas-redondas, nos corredores e nos processamentos do final do dia começou a preocupação de explicar o próprio comportamento deste Congresso.

Junto com esta necessidade veio a frustração, a impotência, a raiva e talvez agora a constatação de que esta não é uma tarefa fácil e que ainda não estamos aparelhados à altura de tal desafio. Como já disse, falta no acervo psicodramático uma linguagem para processar.

Presenciei uma pergunta de um colega a uma mesa-redonda eminentemente moreniana sobre a psicopatologia no psicodrama. A mesa respondeu, mas tossiu e gaguejou bastante. Mas, voltemos ao processamento.

O processamento é uma tentativa de explicar o fenômeno e as quatro tentativas que me precederam mostram um aquecimento progressivo e criativo visando uma resposta a este desafio.

No primeiro processamento a tentativa foi a da apreensão do fenômeno.

No segundo processamento a tentativa foi a de emitir a conceituação do processador.

No terceiro processamento a tentativa foi a de consultar o público responsável pelo fenômeno.

No quarto processamento a tentativa foi a de iniciar a explicação do fenômeno e da interação entre o processador e o público.

Como todos puderam constatar a linguagem não foi e não será uniforme, mas isto não invalida a explicação do fenômeno.

Podemos processar utilizando desde a linguagem densa da escola psicanalítica até a linguagem livre dos poetas, passando pela organicidade do Núcleo do Eu, ou da Gestalt panorâmica da Matriz de Identidade. Podemos utilizar a teorização sistêmica ou as teorias comunicacionais. Todas elas estão gradativamente se mesclando num movimento lento mas que — acredito — um dia virá a ser o porta-voz a explicar o psicodrama.

Estas quatro tentativas de processamento são como um espelho refletindo o movimento em que os psicodramatistas estão se empenhando, na criação desta linguagem.

Cada um serviu de aquecimento para a tentativa seguinte e cabe a mim, devidamente aquecido pelos que me precederam, a tentativa da síntese explicativa do fenômeno 8.º Congresso Brasileiro de Psicodrama. E aqui vai.

Mais uma vez Moreno me surpreende.

Quando criou sua teoria, ele o fez de uma forma diferente das outras teorias. Moreno criou uma teoria para ser modificada e com isto instituiu e nos legou um verdadeiro paradoxo: só seria Teoria de Moreno na medida em que deixasse de ser Teoria de Moreno. E quanto mais ela deixa de ser a Teoria de Moreno, mais ela se torna Teoria de Moreno.

Quanto mais criamos e modificamos o psicodrama mais e mais ele vai se firmando como psicodrama.

O psicodrama cresceu e se ampliou entre nós, brasileiros. Este Congresso é a prova disto, e neste ponto gostaria de introduzir uma questão.

Num Encontro de estudantes de psicodrama, antes do Congresso, foi sugerido um tema referente ao alcance e aos limites do psicodrama. Gostaria de desdobrar este tema em:

— Alcance e limites do psicodrama e

— Alcance e limites do psicodramatista.

Com referência ao primeiro tema este Congresso reflete de maneira exemplar o que está acontecendo no psicodrama.

De teatro terapêutico ele se expandiu para os consultórios de psicoterapia, para os hospitais psiquiátricos, para as empresas, colégios, famílias, saúde pública, higiene mental, órgãos públicos e instituições em geral.

Misturou-se com a política, com as religiões, na medicina e nas escolas, na fonoaudiologia, pedagogia, fisioterapia, nos sonhos, na música, na dança e no cinema. Enriquece a psicossomática e trata das crianças, adolescentes, adultos e velhos. Transforma e amplia conceitos de outras escolas tais como a psicanálise, a bioenergética, a Gestalt, a comportamental e as teorias sistêmicas.

Torna mais leves e humanas posturas rígidas e pesadas dos terapeutas de antanho e dá maior consistência à leveza subjetiva das terapias existenciais.

Cresce e se expande dentro do universo do relacional e se aprofunda no universo intrapsíquico.

Abrange o cósmico e o místico.

E, de repente, paramos e perguntamos: — Mas, o que é o psicodrama?

E está aberto o debate. E dele surgem as novas idéias, novas posturas, novas técnicas e abordagens, que serão experimentadas, examinadas e avaliadas para que, no próximo Congresso tornemos a perguntar: — Mas, o que é o psicodrama?

E está aberto o debate. Caloroso, espontâneo e criativo.

E se acontecer um dia em que num Congresso não mais se pergunte: — O que é o psicodrama? Já sabemos que, neste dia, Moreno não estará mais conosco. E nesse dia deixaremos de ser psicodramatistas.

E já que estou falando de psicodramatistas, não posso deixar de comentar que ampliam-se também os limites e o alcance deste ser humano denominado psicodramatista brasileiro.

Lembro-me do nosso 1º Congresso, em Serra Negra, onde imperavam a desconfiança, a intolerância, as rivalidades, os ciúmes e a inveja, quando todos sabiam e afirmavam as verdades sobre o verdadeiro psicodrama.

Qualquer coisa era suficiente para o confronto e a briga.

— Ter tablado ou não ter tablado?

— Utilizar o ego-auxiliar ou não?

— Entrevistar o cliente ou dar consignas em voz baixa?

Os psicodramatistas se consumiam na pequenez dos seus medos, das suas inseguranças e das suas vaidades. Em Canela, foi a vez das técnicas e das posturas. Em Caiobá discutimos saúde, a loucura e a psicopatia. Em Lindóia o tema foi a produção científica, o saber, o escrever. Em Caldas Novas, foi a vez da identidade dos psicodramatistas. Foi a liberação do adolescente e das suas relações com os mitos do psicodrama, as "vacas sagradas". Em Salvador foi a vez dos novos e da crítica aos velhos. No Rio de Janeiro, foram as instituições, a política e o social. E, finalmente, aqui em São Paulo, estamos falando sobre a pluralidade.

Como já foi dito, debatemos e agora vamos para casa testar todos os questionamentos resultantes deste Congresso, para podermos voltar e debater daqui a dois anos.

Mas, o clima se tornou mais ameno, menos hostil e menos beligerante. Ganhou espaço e respeito pelo outro e aprendeu-se a ouvir mais e falar um pouco menos.

Os filhos aceitam melhor os pais e os pais aceitam que os filhos cresceram e inovaram e os netos estão aí, famintos para aprender e — por que não? — para questionar.

O psicodramatista brasileiro cresceu e se tornou mais humilde. Ele já começa a se questionar seriamente o poder aceitar que os outros também o façam, e até de uma forma diferente dele.

Nunca um Congresso foi tão tolerante e tão acolhedor.

Conviveram em certa paz inúmeras teorias e abordagens, tendências e técnicas, num clima de respeito e tolerância.

Claro que sempre surge o medo de descaracterizar o psicodrama. Mas, como descaracterizar algo que para ser caracterizado precisa ser descaracterizado, tal como uma fênix, que revive das cinzas, mais psicodrama do que nunca?

É claro que neste Congresso houve propostas-seminais excelentes e também propostas-seminais medíocres e até péssimas. Todas foram e devem ser acolhidas. As boas vão permanecer, florescer e produzir. As ruins vão apodrecer e serão esquecidas.

E quem vai julgar quais devem permanecer e quais devem ser excluídas não somos nós, os psicodramatistas, mas algo maior chamado sociometria, socionomia e sociatria.

Elas sim, vão selecionar o que vai ser incorporado no acervo do psicodrama e o que vai ser rejeitado e permanecer nas cinzas.

E assim chegamos ao final de mais um Congresso de psicodrama que foi organizado-desorganizado, que foi programado e imprevisto — mas que aconteceu.

E aconteceu num clima da acolhimento e espontaneidade e com toda certeza posso afirmar que Moreno esteve presente.

Moreno, o homem genial que ao falar da espontaneidade e da criatividade deu um crédito de confiança à saúde do ser humano. E que, ao falar do binômio criatividade *versus* conservas culturais, autorizou os futuros psicodramatistas a reformularem e complementarem sem culpa as teorias do Mestre.

Moreno, que generosamente doou sua teoria para os seus sucessores sem o temor mesquinho de ser esquecido e não-reconhecido, é, ao contrário disto, sempre lembrado e reconhecido.

Gostaria de encerrar esta síntese com um agradecimento a um homem muito generoso, Jacob Levy Moreno. Obrigado.

INTRODUÇÃO

Jacob Levy Moreno, o genial criador do psicodrama, quando da elaboração da sua teoria sobre a *espontaneidade* e *criatividade* lançou a expressão *conserva cultural*. Moreno queria com isto dizer que o já conhecido (conserva cultural) deveria ser um substrato que, sofrendo a ação da criatividade aquecida pela espontaneidade, pudesse sempre dar origem ao novo, ao inusitado, ao original.

É o ato criador, que carregado de espontaneidade, agindo sobre o velho e conhecido cria o novo, o até então desconhecido. Além de genial, Moreno demonstrou uma incrível generosidade para com seus discípulos, pois, com esta conceituação dá uma permissão explícita para que os novos não se sintam constrangidos em questionar, modificar e ampliar a obra do mestre. É nesta condição de discípulo que, embora sem ter conhecido pessoalmente o mestre, me atrevo, com sua permissão, a modificar e ampliar a sua obra.

Quando os psicodramatistas se reúnem, nos congressos, jornadas ou simples mesas-redondas, existe sempre um tema em que, não só não se alcança consenso, como também é um grande gerador de polêmicas. O consenso é facilmente alcançado quando falamos das *técnicas do psicodrama*. Quando falamos sobre a *postura do psicodramatista* o consenso aparece após um pouco de debates. Mas, quando falamos de *processamento* e de *psicopatologia do processo de psicoterapia psicodramático*, quando tentamos explicar de forma científica o que foi feito durante a sessão psicodramática e, mais comumente, o que ocorre durante todo o processo da psicoterapia, quando falamos de defesas intrapsíquicas, de *relacional* ou de *simbiose*, caímos em controvérsias infindáveis. Isto acontece principalmente porque Moreno foi muito claro ao enunciar as técnicas psicodramáticas, assim como o foi na descrição de sua postura como terapeuta. Mas, a Teoria dos Papéis e a Matriz de Identidade se mostraram insuficientes para orientar e processar uma psicoterapia de longo prazo, como fazemos no Brasil e como é feita em outros países. Desta forma inúmeros psicodramatistas sentiram a necessidade de ampliar, criar, ou tomar emprestado de outras escolas algum referencial teórico que permitisse um processamento mais aprofundado da psicoterapia.

Cito, além de mim mesmo, Bermudez, Bustos, Fonseca, Soeiro, Castelo de Almeida, Gonçalves, Naffat, Tiba, Wolff, Aguiar, Massaro, Monteiro, Perazzo, Ferreira Santos, Seixas, Najar-Abdo e tantos outros que ainda não publicaram seus trabalhos.

A partir da influência da Teoria do Núcleo do Eu de Rojas-Bermudez, da ampliação da Matriz de Identidade feita por Fonseca Filho e da minha experiência clinica como terapeuta e como professor e supervisor de psicodrama, acabei por desenvolver um trabalho de processamento no psicodrama que acabou indo além do simples processamento e entrou na esfera do desenvolvimento psicológico e da psicopatologia.

Acrescentando noções das teorias de comunicação e também da moderna cibernética acabei por estruturar uma visão de desenvolvimento psicológico e psicopatológico à qual dei o nome de *Teoria da programação cenestésica.*

Quanto ao processamento, desenvolvi uma série de passos para a abordagem das esferas intrapsiquicas a que nomeio de *Análise psicodramática.*

Quero, além de agradecer a todos que comigo colaboraram e influenciaram neste livro, professores, colegas, clientes, alunos, terapeutas, supervisionandos, datilógrafos, taquígrafos, professor de computação e tantos outros, me imbuir da mesma generosidade de Moreno e desejar que, no futuro, outros psicodramatistas possam sem constrangimento utilizar sua criatividade e espontaneidade para modificarem e ampliarem a hoje minha Teoria da Programação Cenestésica.

CAPÍTULO I

TEORIA DA PROGRAMAÇÃO CENESTÉSICA

Ao examinarmos a teoria do psicodrama criada por Jacob Levy Moreno podemos constatar o seguinte: existe um consenso entre os psicodramatistas quando abordamos o assunto referente às técnicas psicodramática; existe algum consenso quando abordamos o assunto referente às posturas terapêuticas dos psicodramatistas, mas caímos em grandes controvérsias quando abordamos o tema da psicopatologia e do processamento das psicoterapias psicodramáticas.

Isto fica bastante bem explicado na medida em que Moreno foi bastante claro na definição das técnicas do psicodrama e igualmente claro ao se definir nos seus escritos tanto sobre a espontaneidade e criatividade, como sobre as influências filosóficas que o marcaram, como o seu próprio comportamento como terapeuta. Mas, no tocante à psicopatologia e conseqüentemente ao processamento das psicoterapias ele foi vago. A Matriz de Identidade e a sociometria são insuficientes para a condução e avaliação de uma psicoterapia de longo prazo.

Esta lacuna na teoria do psicodrama foi e é foco de atenção e preocupação de muitos psicodramatistas. E foi baseado nisto, que o psicodramatista argentino Jaime Guilhermo Rojas-Bermudez elaborou uma teoria à qual deu o nome de Núcleo do Eu. Nela Bermudez tenta ampliar a idéia de desenvolvimento contida na Matriz de Identidade, acrescentando idéias de Freud, Bally, Spitz e outros.

Posteriormente José de Souza Fonseca Filho amplia e detalha a Matriz de Identidade, tornando-a mais compatível com o acompanhamento das psicoterapias.

Durante muitos anos lecionei a teoria do Núcleo do Eu e, conforme fui me aprofundando na Teoria, também fui reformulando e criando novos conceitos, principalmente baseado na minha experiência clínica. Disto resultou a criação de uma nova teoria, a que dou o nome de *Teoria da Programação Cenestésica*. Essa Teoria abrange o desenvolvimento psicológico, a psicopatologia e principalmente o processamento das sessões e da psicoterapia psicodramática. Passei a chamar de *Análise*

Psicodramática a parte que abrange o processamento tanto das sessões como da própria psicoterapia psicodramática.

A — Resumo da Teoria do Núcleo do Eu

Este resumo engloba a Teoria do Núcleo do Eu elaborada por Bermudez e as modificações feitas por mim. Está mais detalhada no Capítulo 1 do meu primeiro livro, *Psicodrama — Teoria e Prática* (Editora Ágora, 1987).

O desenvolvimento psicológico básico vai acontecer no período de 0 a 2 anos e é, basicamente, cenestésico. Nesta fase o Sistema Nervoso Central ainda está em processo de amadurecimento e as fibras nervosas não estão totalmente mielinizadas. Ocorre com isto um retardo na velocidade dos impulsos nervosos, principalmente os motores assim como os impulsos ligados ao ambiente externo, tipo tácteis, auditivos, gustativos, térmicos, olfativo, etc. e também a parte relacionada aos impulsos proprioceptivos na orientação espacial.

Esta criança tem mais desenvolvida a parte do Sistema Nervoso Interoceptivo, ligado às sensações viscerais do que a parte do Sistema Nervoso Exteroceptivo ligada à musculatura motora e sensibilidade da pele. Também é pouco desenvolvido o Sistema Nervoso Proprioceptivo ligado às alterações de equilíbrio e postura espacial. Desta forma, este nenê está basicamente em contato com o seu mundo interior, constituído por suas sensações viscerais (cenestésico). O contato com o mundo exterior é bastante pequeno, em contraposição ao contato com o interior cenestésico.

A estruturação da Teoria do Núcleo do Eu divide o psiquismo humano em três modelos psicológicos e três áreas delimitadas por estes modelos. (Figura 1)

Modelo de Ingeridor — responsável pelos processos de incorporação, satisfação/insatisfação, dos conteúdos do mundo externo para o mundo interno.

Modelo de Defecador — responsável pelos processos de criação, elaboração, expressão e comunicação dos conteúdos de mundo interno para o mundo externo.

Modelo de Urinador — responsável pelos processos de planejamento/devaneios/fantasias; controle, decisão e execução de ações no mundo externo que gratifiquem desejos e necessidades internas.

Área Mente — responsável pelos processos do pensar (explicar, elaborar, deduzir, etc.).

Área Corpo — responsável pelos processos do sentir (emoções e sensações).

Área Ambiente — responsável pelos processos de perceber: percepção tanto de si mesmo como do ambiente externo.

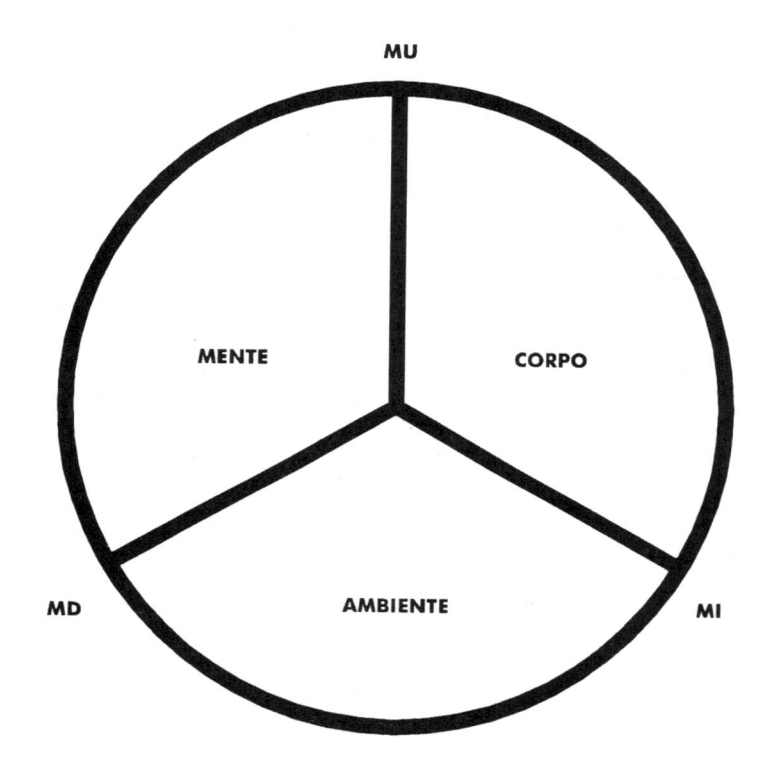

Estes modelos psicológicos se estruturam a partir de funções somáticas não automáticas que são o comer, o defecar e o urinar. Tais funções ocorrem sempre com alguma participação do individuo em sua esfera consciente, diferentemente das funções automáticas como a respiração, os batimentos cardíacos, a filtração renal e outras. As funções somáticas não automáticas irão produzir uma série de sensações cenestésicas e, a partir delas vão se registrando vivências no psiquismo (marcas mnêmicas), dando origem aos modelos psicológicos. Esses modelos são inatos e se desenvolverão independentemente da vontade do indivíduo. Na medida em que existem as funções somáticas de comer, defecar e urinar, as sensações cenestésicas (marcas mnêmicas) vão existir e, conseqüentemente, o modelo psicológico vai se desenvolver. Esse desenvolvimento pode apresentar diversos bloqueios, advindos tanto da parte orgânica, ligada ao meio interno como da parte relacional ligada ao meio externo.

Em relação aos bloqueios advindos do mundo interno, vamos encontrar alterações orgânicas ligadas ao aparelho de ingestão (boca, faringe, esôfago e estômago), ligadas ao aparelho de defecação (intestino grosso, reto e ânus) e ao aparelho de micção (bexiga urinária e uretra).

Podemos encontrar também alterações orgânicas internas que indiretamente agridam estes aparelhos.

Em relação aos bloqueios advindos do mundo externo, vamos encontrar principalmente os relacionados à interação do bebê com o mundo exterior — interação com as situações do tipo frio, calor, alimentos (leite), umidade etc., como na inter-relação com as pessoas que dele cuidam (climas afetivos).

B — Teoria da Programação Cenestésica

Ao imaginarmos o psiquismo de um bebê recém-nascido vamos encontrar um psiquismo basicamente voltado para as suas sensações cenestésicas. É um psiquismo quase virgem, pois nele estão registradas — além das cargas genéticas desta criança —, suas vivências intra-uterinas e suas sensações internas viscerais. A este psiquismo damos o nome de *Psiquismo Caótico e Indiferenciado* — PCI. (Figura 2)

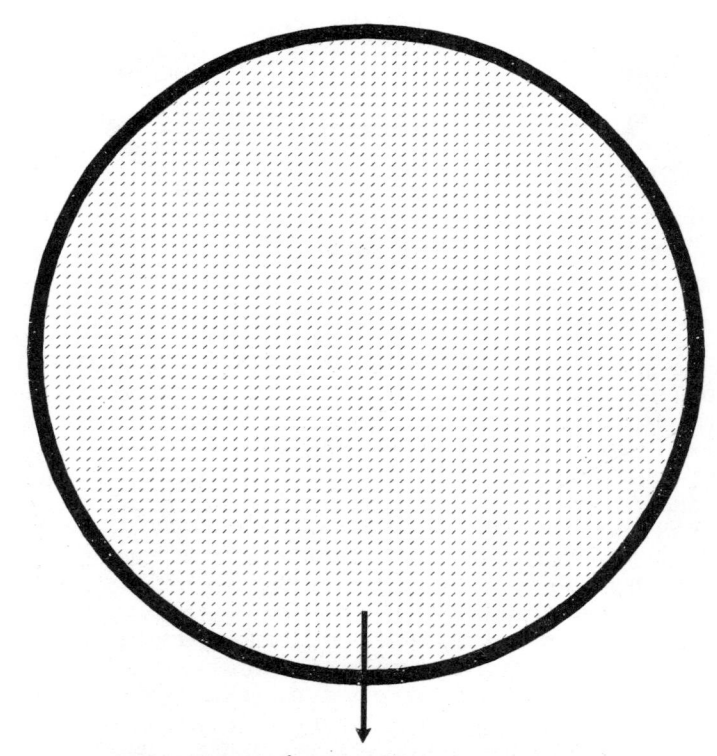

PSIQUISMO CAÓTICO E INDIFERENCIADO - PCI

A vivência do Psiquismo Caótico e Indiferenciado é a de uma *sensação básica de existir*. Para podermos identificar melhor, costumo sugerir que tentem se lembrar ou de situações em que tomaram anestesia geral ou então quando acordaram de algum pesadelo. Ao acordar de um destes estados, ocorre a seguinte seqüência :

— inicialmente uma única sensação, que é a sensação básica de existir. Não existe conscientização corporal, nem espacial, nem temporal e muito menos de identidade. Não se tem — inclusive — noção dos próprios sentimentos. Em seguida, começa-se a ter uma sensação de "algo" e de "peso" além do existir. É a noção do corpo. Aparece freqüentemente como "algo estranho no lado" e é o braço, ou embaixo, é a perna, etc. Em seguida, começa-se a ter uma sensação de "todo", de "unidade corporal" e uma noção de "fora", de "ambiente". É quando do aparece a conscientização espacial. Em seguida, começa-se a ouvir sons externos (carros nas ruas, vozes no quarto, música etc., que estavam presentes o tempo todo). Em seguida vem a noção de tempo: é dia, noite, madrugada etc. É a noção temporal. E finalmente a conscientização do "quem sou eu", "isto foi um sonho", "já fui operado", etc.

Esta é uma forma de nós adultos termos uma idéia do tipo de sensação que o bebê tem. A sensação basal de existir é a predominante no Psiquismo Caótico e Indiferenciado — PCI. A partir do nascimento, o PCI vai sofrer uma série de vivências que vão gradativamente organizando este psiquismo. Ao redor de dois anos de idade o Psiquismo Caótico e Indiferenciado (PCI) vai se transformar num *Psiquismo Organizado e Diferenciado* — POD, que é o psiquismo que vai permanecer por toda a vida do indivíduo. Este processo de organização e diferenciação do PCI para POD vai acontecer em decorrência principalmente da inter-relação do bebê com o clima afetivo emitido pelas pessoas que o cercam. Moreno chama isto de Matriz de Identidade.

Para melhor entendermos esta inter-relação vamos lembrar do conceito de díade, lançado por Spitz. A criança tem uma relação diádica com a mãe, ou sua substituta, que é uma ligação afetiva direta com esta pessoa. *O bebê sente a mãe e a mãe sente o bebê*. É um tipo de relação em que o bebê capta o sentir da mãe, suas ansiedades, tristezas, amor, aceitação, hostilidade etc. O mesmo acontece com a mãe: é comum a mãe sentir que aquele choro quer dizer desconforto de molhado e não de fome e assim por diante. O bebê vai manter este tipo de canal sensitivo aberto nos seus primeiros dois anos de vida não só com a mãe, mas com todas as pessoas que o cercam. Ele sente as pessoas. Este canal sensitivo permanece aberto por toda a vida, e no adulto vai se chamar intuição. Após os dois anos passa-se a privilegiar o aprendido e não o sentido.

Podemos dividir os climas afetivos, nesta primeira fase do desenvolvimento psicológico, em dois grandes grupos. Os climas afetivos que auxiliam o desenvolvimento dos modelos psicológicos e que chamo de *climas facilitadores* que são os climas de aceitação, proteção e continência emitidos pelas pessoas em relação ao bebê. Os climas afetivos que dificultam o desenvolvimento dos modelos psicológicos chamo de *climas inibidores*, e os mais comuns são os de abandono, rejeição, hostilidade, medo e ansiedade. Os climas facilitadores vão auxiliar no desenvolvimento dos modelos psicológicos e, conseqüentemente, na organização do PCI para POD e os climas inibidores vão dificultar o desenvolvimento dos modelos psicológicos e assim impedir uma total transformação do PCI em POD. Quanto mais climas inibidores existirem na vida desta criança até seus dois anos, mais bloqueios existirão no desenvolvimento dos modelos psicológicos e menos Psiquismo Caótico e Indiferenciado vai se transformar em Psiquismo Organizado e Diferenciado. O resultado disto é a permanência, aos dois anos de idade, de bolsões de PCI convivendo com POD. Chamo esses bolsões de *Zonas de Psiquismo Caótico e Indiferenciado — ZPCI*. (Figura 3)

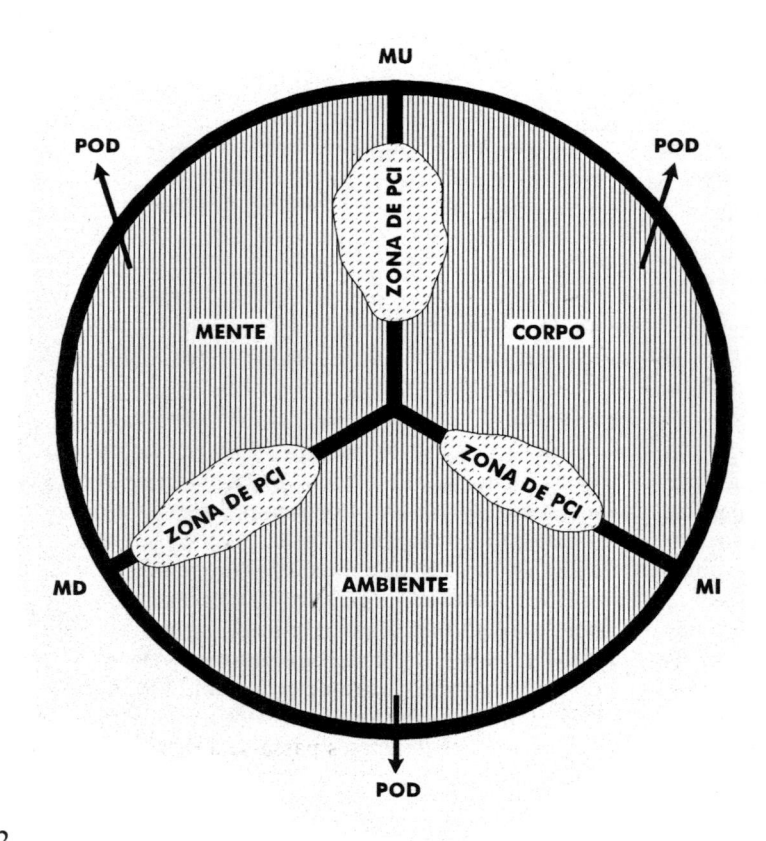

Os climas afetivos vão influenciar o desenvolvimento dos modelos de formas diferentes para cada modelo:

Modelo de Ingeridor — vai se organizar nos três primeiros meses de vida. Nesta fase a ligação do bebê é quase que totalmente com a mãe ou suas substitutas. O clima afetivo incorporado nesta fase é o clima afetivo da mãe e substituta e vai interferir diretamente na formação do modelo de ingeridor e diferenciação das áreas corpo-ambiente. Como já disse, o desenvolvimento do modelo é uma característica biológica da espécie e portanto vai se desenvolver de qualquer maneira. Os climas afetivos podem facilitar ou dificultar o desenvolvimento do modelo, mas, nunca impedir este desenvolvimento.

Na medida em que a mãe ou a substituta, gostem, aceitem, acolham e dêem continência para este bebê, o clima afetivo vai ser um clima facilitador do desenvolvimento psicológico. O clima afetivo vai ficar registrado (registro cenestésico) junto com o modelo de Ingeridor e esta criança tende a ter bem desenvolvidos os mecanismos de incorporação dos conteúdos (afetos, aprendizados, atitudes, etc.) do meio externo para o meio interno e a capacidade de sentir-se satisfeita em relação a estas incorporações.

Na medida em que a mãe ou a substituta abandonem, rejeitem, sintam hostilidade, passem um clima de ansiedade ou de medo para este bebê o clima afetivo vai ser inibidor. O clima inibidor não precisa ser diretamente ligado à criança. Por exemplo, uma mãe que goste muito de seu bebê, mas vive um clima de medo constante por outros motivos (guerras, brigas com o marido, neurose, etc.) acabará passando um clima inibidor de medo para o bebê. O mesmo acontece, por exemplo, com uma mãe que — apesar de amar seu bebê — é muito insegura e ansiosa: ela passará um clima inibidor de ansiedade para o bebê. O clima inibidor vai ficar registrado junto ao modelo de Ingeridor e esta criança vai vincular o clima inibidor aos processos de incorporação, satisfação/insatisfação, dos conteúdos de meio externo para meio interno.

Além de prejudicar o desenvolvimento do modelo psicológico o clima inibidor vai impedir que parte do PCI se transforme em POD, dificultando assim a delimitação das áreas. No caso do Ingeridor, essa delimitação vai comprometer as áreas corpo e ambiente. (Figura 4)

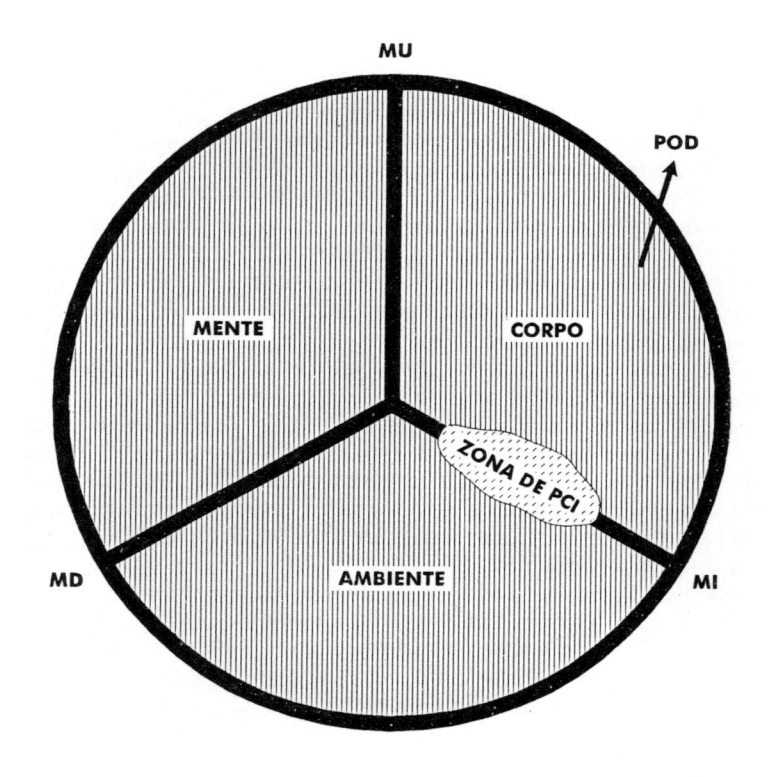

Modelo de Defecador — vai se organizar entre os três e oito meses de vida do bebê. Nesta fase, o bebê já tem o Modelo de Ingeridor completo e portanto a capacidade de captar o tempo todo os climas afetivos que o cercam. O bebê está captando o clima da mãe, mas também o do pai, da família, da casa, e de todas as pessoas que convivem com ele nesta fase. Ele também já tem um clima internalizado — internalizado na fase do desenvolvimento do Modelo do Ingeridor. Os climas afetivos que vão estar vinculados ao desenvolvimento do Modelo de Defecador são o resultado da somatória do Clima Internalizado na fase do ingeridor, mais os climas que vão sendo internalizados durante a fase do defecador (3 a 8 meses). *Esses climas afetivos resultantes, vão ser fixados no Modelo Psicológico de Defecador.*

Na medida em que temos como resultantes climas facilitadores essa criança vai apresentar um bom desenvolvimento dos mecanismos de criação, elaboração, expressão e comunicação de seus conteúdos internos (sentimentos, idéias, percepções, explicações, etc.) para com o mundo externo, além de uma boa delimitação entre as áreas ambiente e mente.

Na medida em que temos como resultantes climas inibidores, eles estarão fixados no Modelo de Defecador, dificultando a criatividade, a elaboração, a expressão e a comunicação desta criança além de dificultarem sua capacidade de explicações (área mente) e de percepção (área ambiente).

Neste caso (clima inibidor) parte do PCI não vai se transformar em POD, restando um bolsão de PCI (Zona) convivendo com o POD. (Figura 5)

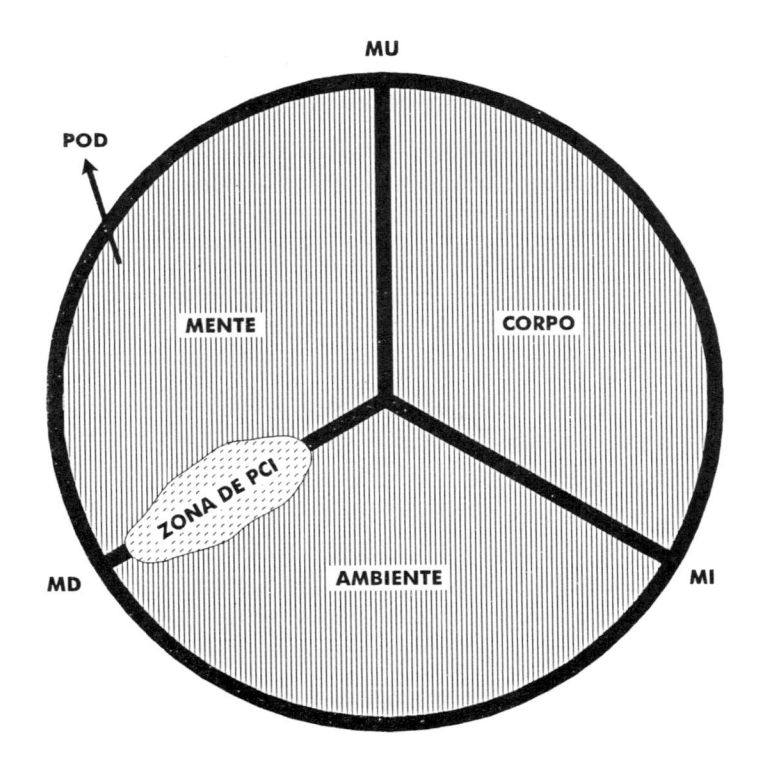

Modelo de Urinador — vai se organizar entre os oito meses e os dois anos de vida do bebê. Nesta fase a criança sofre grandes transformações; as principais referem-se ao processo de fala. Nesta fase a criança começa a falar e a entender as verbalizações dos adultos. Além disto, tem um intenso processo de aprendizagem da cultura familiar, tais como hábitos, costumes, atitudes, etc. Em relação ao clima afetivo ela vai ter um Clima Afetivo Internalizado, resultante da fase do ingeridor e do defecador, vai ter um Clima Afetivo que vai sendo internalizado em relação à família (Matriz de Identidade) e também um clima ligado ao social (escola, ambientes sociais, festas, parentes, etc.), além do Clima Afetivo ligado aos processos de aprendizado, principalmente ligado aos mecanismos de contenção superegóicos (noção do "Não") desta fase. É comum, que os pais — ou por ignorância, imaturidade ou neurose — estabeleçam a noção do "Não" de forma violenta e agressiva e não com firmeza afetiva que é o indicado, produzindo um Clima Afetivo do tipo inibidor.

Os Climas Afetivos resultantes desta somatória vão ficar fixados no Modelo de Urinador.

Se o resultado é mais de climas facilitadores esta criança vai apresentar facilidades nos processos de planejamento, controle, decisão e execução de ações no ambiente externo para gratificar desejos e necessidades internas. Além disto, isto vai possibilitar uma boa delimitação entre as áreas mente e corpo.

Se o resultado tende mais para climas inibidores, vai ser prejudicado o desenvolvimento do Modelo Psicológico de Urinador, comprometendo a capacidade de planejamento, de controle da vontade, de decidir e de execução desta criança, além de ser prejudicada a delimitação entre o pensar (área mente) e o sentir (área corpo).

Neste caso, vai ocorrer que parte do PCI não vai se transformar em POD, restando uma Zona de PCI, convivendo com POD. (Figura 6)

Após os dois anos de idade, com o advento do Ego encerra-se a parte basicamente cenestésica e inicia-se uma nova forma de desenvolvimento do psiquismo da criança. Os modelos e as áreas já estão formados e o desenvolvimento psicológico vai ser feito a partir deles. (Vide Figura 3)

C — PCI x POD

Com o desenvolvimento dos modelos psicológicos e com a delimitação das áreas o Psiquismo Caótico e Indiferenciado vai sofrendo um processo de organização e diferenciação até se transformar num Psiquismo Organizado e Diferenciado.

Para efeito de comparação, podemos comparar o psiquismo a um grande arquivo onde se registram vivências tanto oriundas do mundo interno como captadas do mundo externo. Se este arquivo tiver um conjunto de índices do tipo 1, 2, 3, 4, 5, etc. ou A, B, C, D, E, F, etc. e as fichas (vivências) forem sendo arquivadas obedecendo a algum tipo de critério podemos dizer que é um arquivo organizado e diferenciado. Caso tal arquivo não possua um conjunto de índices e as fichas/vivências forem arquivadas/registradas sem obedecer a um critério preestabelecido, diremos que este é um arquivo caótico e indiferenciado. Na comparação com o psiquismo, o conjunto de índices fica relacionado com o desenvolvimento dos modelos psicológicos e das áreas e as fichas são vivências que vão sendo registradas após os dois anos — isto é, após o término do modelo de urinador e o advento do ego.

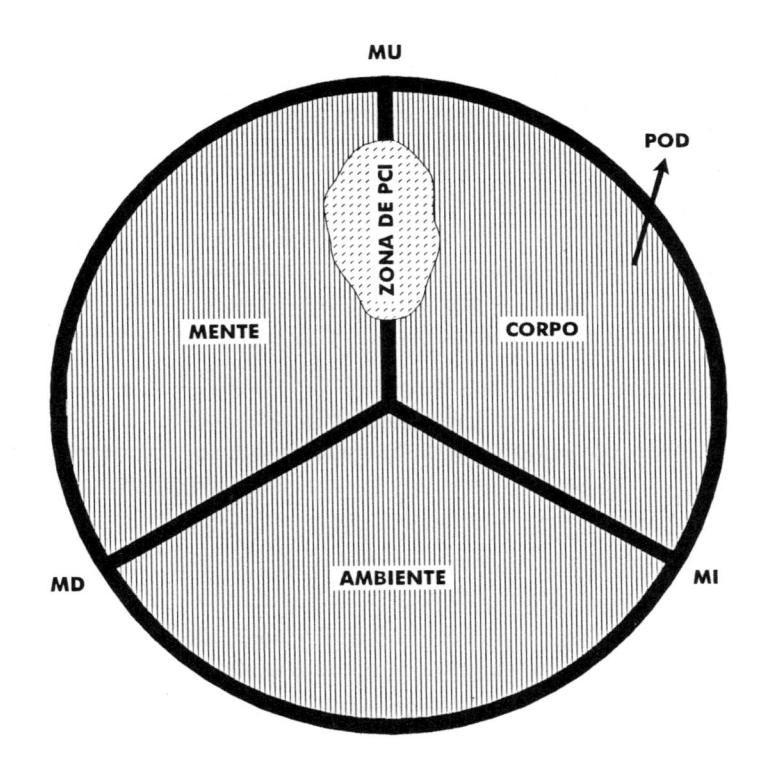

Exemplo: Ao tentarmos lembrar as vivências de medo. Ou então: Onde estão as fichas referentes a medo? Se tivermos um arquivo organizado é só procurar as fichas M. Na Área Mente encontraremos as fichas com explicações das vivências de medo, na Área Ambiente encontraremos as fichas com as percepções de situações que causaram medo e na Área Corpo iremos encontrar as fichas com as sensações e sentimentos de medo e ligadas a medo. Se o arquivo for caótico e indiferenciado vamos encontrar sensações de medo sem as conseqüentes explicações ou percepções ou sentimentos, além de a sensação estar desvinculada das vivências causadoras.

Correlação com a cibernética

Podemos também comparar o psiquismo com um grande computador. Imaginemos um computador novo, que acabou de chegar da loja. Ao ligarmos este computador na tomada, aparece uma série de sinais (luzes, etc.) indicando que esta máquina já pode ser usada. Neste momento o computador tem um enorme potencial de trabalho, mas ele não está devidamente preparado para responder aos pedidos de informações. Comparo-o nesta fase com o Psiquismo Caótico e Indiferenciado pronto para receber e registrar vivências. Voltando ao computador: se neste momento tentarmos registrar nele dados e informações o computador não conseguirá receber de maneira adequada as informações embora tenha toda a capacidade para tal, pois ele necessita de um sistema operacional — para "saber onde registrar as diversas informações". Este sistema operacional — que nos computadores seria o MS-DOS, ou Windows, ou qualquer outro — no psiquismo seriam os Modelos Psicológicos e as Áreas. Desta forma o PCI pode ser comparado com o computador sem o seu sistema operacional e o POD com o computador com seu sistema operacional. O sistema operacional é registrado diretamente na memória do computador, o mesmo acontecendo com os modelos e áreas que ficam impressos no Psiquismo Caótico e Indiferenciado, dando a ele uma organização e diferenciação.

Uma vez que fornecemos ao nosso computador um sistema operacional podemos abastecê-lo de informações diversas que chamamos de banco de dados. Tais informações passarão a fazer parte da memória do computador, de acordo com o seu sistema operacional.

Ao trabalharmos com este computador podemos ter dois tipos de entraves:

— Entraves ligados ao banco de dados: por má digitação, informações incorretas ou procedimentos incorretos, posso receber respostas absurdas.

— Entraves ligados ao sistema operacional. Se o sistema operacional foi mal feito, ou tem algum tipo de falha, todas as respostas que dependam da parte alterada do sistema operacional serão absurdas, mesmo que todos os dados estejam corretos.

Ao tentarmos corrigir o computador necessitamos diagnosticar o tipo de distúrbio que ocorre — se é no banco de dados ou no sistema operacional. Se o distúrbio é no banco de dados não adianta mexer no sistema operacional e se o distúrbio está localizado no sistema operacional, por mais que se mexa no banco de dados o problema nunca será resolvido.

Na comparação com o psiquismo a Programação Cenestésica (desenvolvimentos dos Modelos e Áreas) é correlacionada ao sistema operacional. As vivências registradas posteriormente são comparadas com o banco de dados. Portanto no indivíduo vou ter dois tipos básicos de distúrbios psicológicos:

— Distúrbios relacionados a falhas na Programação Cenestésica, pela má estruturação dos modelos, má delimitação das áreas e má organização e diferenciação do PCI.

— Distúrbios relacionados ao Registro das Vivências, por falta de percepções corretas, falta de dados explicativos, confusão entre os sentimentos envolvidos.

Tal qual o computador, se o distúrbio psicológico está no âmbito da Programação Cenestésica, não adianta pesquisarmos o Registro das Vivências, pois, por mais certo que esteja a resposta afetiva é sempre desproporcional ou mesmo absurda frente à situação em questão.

Se o distúrbio psicológico está no Registro das Vivências, também não adianta mexer na Programação Cenestésica, pois ela pode estar processando as informações de maneira correta a partir de premissas erradas, dando respostas desproporcionais e absurdas.

Vou dar um exemplo hipotético para ilustrar esta comparação: Maria, 28 anos tem um medo desproporcional de andar de elevadores. Seu medo é de faltar o ar, e morrer sufocada. Sofre de forte angústia, taquicardia e sudorese cada vez que precisa andar de elevador. Já andou inúmeras vezes mas isto não melhora seu medo. Ela sabe que é impossível morrer de falta de ar no elevador e já estudou bastante sobre o caso, mas seu medo continua.

Ao avaliar o caso de Maria, seu distúrbio psicológico (medo) pode ter duas origens:

1 — *Registro das Vivências* — Maria pode ter registros vivenciais que incluem acidentes em elevadores que ficaram "esquecidos" no psiquismo, histórias de acidentes, abordagens sexuais ou agressivas ligadas a elevadores, medo captado dos modelos de infância (pai, mãe, avós, empregadas, etc.), medo como forma pouco consciente de chamar atenção ou de "ser diferente" e inúmeras outras possibilidades.

2 — *Programação Cenestésica* — O medo de Maria pode ser a exteriorização de vivências ligadas a um Clima Inibidor de abandono, medo, hostilidade etc., que está registrado junto com seus Modelos e Áreas.

Para tratarmos de Maria, precisamos pesquisar seu Registro de Vivências, que vai estar ligado ao Psiquismo Organizado e Diferenciado mesmo que esteja "esquecido" dentro dele. Nesse caso o medo tende a desaparecer na medida em que vamos conseguindo fazer com que Maria consiga ir se "lembrando" daquilo que teve em algum momento de "esquecer".

Se o distúrbio está na Programação Cenestésica de Maria, vamos ter de pesquisar o seu Psiquismo Caótico e Indiferenciado — portanto, pesquisar não em memória evocativa, mas sim na memória das sensações, memória cenestésica. Neste caso o medo vai desaparecer na medida em que conscientizamos e podemos fazer com que Maria reviva, conscientemente, suas vivências relativas ao clima inibidor.

D — Registros Cenestésicos

Como já vimos, a Programação Cenestésica é um conjunto de sensações registradas no PCI que vai organizá-lo e diferenciá-lo transformando-o em POD; e tal qual o Sistema Operacional de um computador, vai interferir no "como devem ser entendidas e valorizadas todas as vivências posteriores". Por exemplo, se num indivíduo ficou registrado um clima inibidor de rejeição ligado ao modelo de defecador, isto vai fazer parte da Programação Cenestésica e cada vez que esse indivíduo posteriormente ativar o modelo de defecador, essa sensação vai estar presente, mesmo que o Registro de Vivências posteriores não inclua situações de rejeição. Voltando à analogia com o computador, o cérebro do bebê é como um computador que está ligado desde a fase intra-uterina registrando vivências cenestésicas desde esta fase.

Dentro deste enfoque acredito que existem três registros de climas que vão fazer parte da Programação Cenestésica de um indivíduo:

1 — Sensações cenestésicas da fase intra-uterina.

Com os progressos científicos conseguidos até o momento nas áreas da ginecologia e obstetrícia, cada vez mais se acredita e se comprova a inter-relação do feto com a mãe e vice-versa. Como toda pesquisa em nível psicológico é de difícil comprovação prática, só podemos deduzir em relação ao desenvolvimento psicológico anterior. Baseado nisto, acredito que o feto registre no seu Psiquismo Caótico Indiferenciado uma série de sensações internas na sua inter-relação com a mãe, desde um clima interno do útero, até os batimentos cardíacos, respiração e circulação da mãe. Acredito também que interfiram nas sensações do feto a produção das drogas internas responsáveis pelas mudanças de humor da mãe, assim como drogas externas ingeridas com esta finalidade. Tais vivências vão fazer parte de um "pano de fundo" da Programação Cenestésica interferindo talvez no humor básico deste bebê (mais ou menos, ativo, pacato, ansioso, alegre, etc.).

2 — Sensações cenestésicas da fase extra-uterina.

São as vivências cenestésicas ligadas às funções somáticas não automáticas e relacionadas com a inter-relação do bebê com o seu mundo interno e externo até os dois anos de idade.

Nestas vivências as mais importantes estão ligadas:

A — As sensações cenestésicas dos modelos psicológicos que são as de incorporação, satisfação/insatisfação (ingeridor) ; surgimento, oposição, descarga motora e perda (defecador) ; tensão lenta e progressiva, controle, decisão e descarga motora rápida e prazerosa (urinador).

B — Sensações cenestésicas ligadas à vivência dos climas facilitadores e dos climas inibidores.

C — Sensação de falta, ligada à não complementação do desenvolvimento dos modelos psicológicos. Esta sensação de falta é vivida como um Núcleo de Carência.

3 — Sensações ligadas a um clima cósmico.

Embora saibamos com bastante clareza a importância da respiração dentro de um processo de psicoterapia não temos ainda muita clareza quanto à função do ar como elemento capaz de produzir sensações cenestésicas. No entanto, de algumas constatações podemos deduzir que sua importância é inquestionável. Observamos nas relações diádicas mãe-filho descritas por Spitz que a criança capta climas, sentimentos e mesmo pensamentos da mãe, o mesmo acontecendo com a mãe em relação ao bebê. Esta transmissão, até prova em contrário, se dá pelo ar. São comuns, nos cursos de controle mental, exercícios onde uma pessoa "adivinha" o pensamento do outro. Novamente acredito que a transmissão se dê pelo ar. Esta capacidade de captar, pelo ar, climas, sentimentos, imagens, pensamentos é muito comum nas pessoas sensitivas, que não só captam esses climas como os transformam em imagens e palavras. Acredito que os sensitivos mantêm aberto o canal da ligação diádica e o desenvolvem segundo um referencial religioso próprio. Eles freqüentemente captam vivências registradas em nível subconsciente e até mesmo inconsciente. Na verdade, acredito que todas as pessoas mantêm em algum nível o canal diádico, pois são muito comuns vivências do tipo "estava pensando na minha amiga e ela me telefonou" (possivelmente esta pessoa captou o pensamento da amiga que estava ligando, antes de a ligação se completar), "senti uma sensação muito ruim, de que um desastre tinha acontecido com um parente e soube que ele tinha batido o carro naquele dia" (possivelmente a pessoa captou o pensamento e a aflição do parente naquele momento). A capacidade que o cérebro tem de captar tais massas de ondas que trafegam pelo ar acredito que possa se estender para captar — ainda pelo ar — algum tipo de energia ligado a movimentações dos astros e mesmo energias liberadas por outras pessoas que de alguma forma façam parte da massa energética contida no ar. Isto explicaria talvez os conceitos de arquétipos de Jung, o co-inconciente moreniano, as vivências de tempo passado encontradas nas regressões holísticas e também a grande influência astrológica detectada pelo estudo dos signos e dos mapas astrais.

Acredito que este conjunto de climas cósmicos transmitidos pelo ar vai fazer parte, como um pano de fundo, da Programação Cenestésica de um indivíduo.

D — Zona de Psiquismo Caótico e Indiferenciado — ZPCI

Chamo de Zona de Psiquismo Caótico Indiferenciado, todo o PCI que no final da estruturação dos modelos psicológicos e delimitação das áreas não se transformou em Psiquismo Organizado e Diferenciado — POD.

No processo normal de desenvolvimentos psicológico o PCI vai gradativamente se transformando em POD ao longo dos dois primeiros anos de vida. A ação, principalmente dos climas inibidores, impede que partes do psiquismo se organizem. A conseqüência é que a criança chega aos seus dois anos com parte do psiquismo organizado e diferenciado — POD e alguns bolsões de psiquismo caótico e indiferenciado — PCI. A estes bolsões chamo de Zonas de PCI. São três zonas de PCI, uma para cada modelo psicológico. A zona de PCI é o resultado da má estruturação do modelo e má delimitação da área.

1 — Zona de PCI ligada ao Modelo de Ingeridor

Está relacionada com as funções do modelo do ingeridor e com as áreas do sentir (corpo) e do perceber (ambiente) e à função de cuidar.

2 — Zona de PCI ligada ao Modelo de Defecador

Está relacionada com as funções do modelo de defecador e com as áreas do perceber (ambiente) e das explicações (mente) e com as funções de proteção, colocação de limite e julgamento de valores.

3 — Zona de PCI ligada ao Modelo de Urinador

Está relacionada com as funções do modelo de urinador e com as áreas das explicações (mente) e do sentir (corpo) e com as funções de orientação e decisão (vide Figura 3).

As vivências registradas nas Zonas de PCI são as mesmas vivências registradas no PCI que se transforma em POD. A grande diferença é que as vivências do PCI acompanham a organização e diferenciação da transformação em POD, ao passo que as vivências que ficam na Zona de PCI permanecem da mesma forma com que foram captadas.

Por exemplo: um clima inibidor de abandono está registrado no PCI. A parte do PCI que se transformou em POD também tem o registro do clima da abandono, mas ele vai sendo confrontado com outras vivências, com as conscientizações posteriores, com os entendimentos e explicações, até que se transforma em pano de fundo no psiquismo. Em outras palavras, o clima de abandono permanece, mas o indivíduo vai tendo cada vez mais recursos psicológicos para dar continência a esta sensação. Com isto, os efeitos da sensação de abandono são abrandados. Já o clima inibidor registrado na Zona de PCI fica registrado como foi vivenciado pelo bebê, isto é, com sensação de intensa solidão, desamparo, sensação de "sem saída", sensação de morte e desespero. Em outras palavras, o indivíduo, tal como quando era bebê, não tem recursos psicológicos para absorver esta sensação.

As Zonas de PCI vão guardar quatro tipos básicos de registros, que são:

1 — *Sensação de Falta*

O desenvolvimento dos modelos psicológicos é inato e faz parte da espécie. Portanto, este desenvolvimento vai ocorrer de qualquer maneira, independente da inter-relação do bebê com o meio externo. Os climas afetivos facilitarão ou inibirão em vários graus de intensidade esse desenvolvimento, mas nunca o impedirão. Quando parte do modelo não se desenvolve *permanece uma sensação de algo que deveria existir, mas que não existe*. Isto é, deveria existir mas não existe. A vivência é de uma falta, uma sensação de incompletude, de vazio. Por exemplo, num modelo de ingeridor incompleto a sensação de falta fica ligada aos processos de incorporação, satisfação e insatisfação, e assim também acontece com os outros modelos. A esta sensação de falta dou o nome de *Núcleo de Carência*.

2 — *Vivência do Clima Inibidor*

No bebê o clima inibidor é sempre sentido como uma ameaça à vida, como total desamparo, impotência, desespero e uma sensação de "sem saída". A hostilidade, o abandono, a rejeição, a ansiedade, o medo, etc., que o bebê capta em sua ligação direta com o adulto são vivenciados como uma ameaça direta a sua existência física e psíquica, pois o bebê não tem (nesta fase de até os dois anos) nenhum recurso biológico e/ou psicológico para fazer frente a esta ameaça. Resta somente a sensação de suportar esta situação, na esperança de sobreviver. A vivência do clima inibidor, que fica registrada na Zona de PCI é como o bebê sentiu a ameaça e, pois, diferente de como um adulto viveria semelhante ameaça, pois ele já tem condições físicas e psíquicas para se defender.

3 — *Tensão Crônica*

Na medida em que os modelos não se completam existe uma sensação de expectativa de que isto venha a ocorrer. Dentro do psiquismo fica um registro cenestésico de *expectativa de que algo precisa e deve ser completado em algum momento*. Esta sensação de expectativa gera um acúmulo de tensão à espera de ser descarregada com a finalização do desenvolvimento do modelo. A tensão acaba passando para os órgãos internos (coração, pulmão, intestinos, rim, etc.) contribuindo para o surgimento das doenças psicossomáticas e para que a pele e os músculos criem zonas de tensão muscular crônica e de desenergização. As zonas de tensão foram exaustivamente estudadas por Reich e Lowen, constituindo-se nos fundamentos das psicoterapias de abordagem corporal. Quando ocorre o resgate da Zona de PCI (catarse de integração) as zonas de tensão e desenergização desaparecem causando transformações corporais (postura, acúmulos de gordura, etc.) e modificando a expressão facial.

4 — *Bloqueio da Espontaneidade*

O não desenvolvimento harmônico dos modelos causa um bloqueio na espontaneidade, tanto no sentir como na utilização dos modelos. Temos de distinguir entre o *sentir espontâneo* e o *comportamento espontâneo*. O bloqueio do desenvolvimento do modelo acarreta uma sensação de falta de espontaneidade cada vez que o indivíduo mobiliza o modelo. O "não sentir-se espontâneo" acaba por acarretar medo, vergonha, ansiedade cada vez que o indivíduo for utilizar o modelo durante a sua vida. Desta forma vão se criando entraves e mais entraves à aplicação do modelo, comprometendo-se assim o comportamento espontâneo em relação ao modelo. Tomemos como exemplo o modelo do defecador mal estruturado. Esta pessoa não se sente espontânea ao criar, elaborar, expressar e comunicar seus conteúdos internos para o mundo externo. Durante a vida ela vai acumulando insucessos, medos, vergonhas e críticas em relação a isto, inibindo assim cada vez mais o comportamento de criar, elaborar, expressar e comunicar. Durante o processo de psicoterapia, graças ao clima terapêutico, este indivíduo vai perdendo seus receios e vai desinibindo seu comportamento em relação ao modelo. Pode conseguir assim um comportamento razoavelmente espontâneo para o modelo, mas vai continuar a se sentir pouco espontâneo em relação a ele. Para resgatar o "sentir-se espontâneo" em relação ao modelo é necessário o resgate da Zona de PCI.

CAPÍTULO II

EVOLUÇÃO DO PSIQUISMO TEORIA DA PROGRAMAÇÃO CENESTÉSICA

Em torno dos 2 — 2,5 anos termina a primeira fase do desenvolvimento psicológico com modelo psicológico de urinador, controle da vontade e advento do ego. Termina a Programação Cenestésica. O psiquismo vai evoluir daqui para diante registrando as vivências que passarão a serem "entendidas" conforme a programação feita até agora. Na comparação com o computador, passamos a fase do banco de dados, uma vez que o sistema operacional já foi impresso.

Nesta fase encontramos o psiquismo da criança com a seguinte configuração:

A — Modelos Psicológicos de Ingeridor, Defecador e Urinador parcialmente formados.

B — Áreas Mente, Corpo e Ambiente parcialmente delimitadas.

C — Psiquismo Organizado e Diferenciado — POD.

D — Zonas de Psiquismo Caótico e Indiferenciado — ZPCI.

E — Controle da Vontade já estabelecido — Ego.

F — Clima Afetivo Interno, resultante dos climas facilitadores e dos climas inibidores vividos por esta criança.

A permanência das Zonas de PCI junto com o Psiquismo Organizado e Diferenciado vai ocasionar quatro sensações básicas que constituem, juntamente com a má estruturação dos modelos psicológicos e a má delimitação das áreas, a base de toda psicopatologia. As sensações básicas resultantes da permanência das zonas de PCI são:

A — Perda Parcial de Identidade

É uma sensação de estranheza em relação a si mesmo. É como se existisse — e de fato existe — uma parte do psiquismo que o indivíduo não conhece direito. Ele se estranha a si próprio em relação aos seus comportamentos, sentimentos, etc. Percebem-se melhor as conseqüências da Perda Parcial de Identidade pelo interesse que existe em "saber quem eu sou". Qualquer proposta (testes, diagnósticos, horóscopos, tipos de personalidades, testes de avaliação etc.) desperta de imediato o interesse e a curiosidade. Esta procura de identidade predispõe à aceitação de rótulos, o que não tem nada a ver com identidade, mas com freqüência é utilizado como substituto. Por exemplo, "eu sou taurina", "eu sou obsessivo", e tantos outros "eu sou" de inúmeros testes dados em jornais e revistas. Desta maneira o indivíduo tenta compensar a perda de identidade com a aquisição de rótulos que lhe dão uma falsa sensação de identidade.

B — Sensação Basal de Incompleto

É uma sensação em que o indivíduo fica com a sensação de ser incompleto. É uma sensação básica independente de situações de mundo externo. Não é uma sensação de "estar incompleto" e sim de "ser incompleto". Há uma parte da identidade que está como que incompleta.

C — Sensação Basal de Insegurança

Quando o indivíduo não se sente integrado, pois uma parte dele — Zona de PCI — está fora do comando consciente, ele nunca pode contar integralmente consigo mesmo. Esta situação gera uma sensação basal de insegurança, desproporcional em relação ao mundo externo. Não é o "estar inseguro" frente a uma situação de instabilidade qualquer: é o "ser inseguro", em relação a si próprio, independente de qualquer situação objetiva.

D — Sensação Basal de Medo

Do fato de o indivíduo ter uma identidade parcial, não se sentir completo e ser inseguro resulta uma sensação permanente de medo, medo não ligado a situações objetivas que o causam, mas sim uma sensação basal de medo independente do mundo externo.

Portanto, a permanência das Zonas de PCI vai acarretar sensações internas que podemos comparar com o conceito de insegurança ontológica citada por R. Laing.

Estas sensações são básicas em qualquer indivíduo que tenha sofrido bloqueios em seu desenvolvimento psicológico, quer ele tenha desenvolvido uma neurose ou uma psicose.

Na medida em que a criança se sente incompleta ela começa a sentir uma necessidade premente de se tornar completa, livrando-se destas sensações básicas e da angústia que elas desencadeiam. *A esta necessidade premente de se tornar completa chamo de Processo de Busca.* Processo de Busca é a necessidade de procurar o que está faltando e está sempre movido por uma sensação de angústia ligada às sensações básicas de Perda Parcial de Identidade, Sensação Basal de Incompletude,

Insegurança e Medo, decorrentes da permanência de Zonas de PCI, conseqüência da má-formação dos modelos psicológicos e má delimitação das áreas, resultante da ação de climas inibidores na transformação do Psiquismo Caótico e Indiferenciado (PCI) em Psiquismo Organizado e Diferenciado (POD).

EXCLUSÃO DA ZONA DE PCI

Ao redor de 2,5 a 3 anos a criança vai entrar num grande dilema. Seu psiquismo está desenvolvido, mas restam zonas de PCI, com todas as conseqüências vistas até aqui. Ela tem uma sensação de que "faltou algo" e seria o momento de "voltar para trás" no desenvolvimento para desbloquear e desenvolver o que faltou. No sentido psicológico este voltar para trás é na verdade um "voltar para dentro de si mesma" para resgatar o bloqueio do desenvolvimento dos modelos e áreas. Ao tentar voltar para dentro de si mesma, a criança vai encontrar um clima internalizado que inclui as vivências do clima inibidor, responsável pelo próprio bloqueio. Além desta dificuldade, ela precisaria ter um meio externo, que lhe oferecesse climas facilitadores onde ela recebeu climas inibidores. Para isto seria necessário tratar toda a família de base, o que é impossível. Além dessas dificuldades a criança sofre a pressão de suas necessidades *internas* de continuar sua evolução, e a pressão *externa* de se relacionar com as pessoas e ocupar seu lugar social.

Portanto, é impossível "voltar para trás" e é impossível continuar o desenvolvimento, pois ela não se encontra em condições psicológicas adequadas para suprir suas necessidades internas de sociabilização nem de responder adequadamente às necessidades externas que lhe são cobradas pela sua idade física.

Já que ela tem um POD desenvolvido e o que atrapalha (gera angústia, insegurança e medo) são as Zonas de PCI, esta criança *exclui as Zonas de PCI da sua identidade por meio de um ou mais Vínculos Compensatórios.* (Figura 7)

A exclusão das Zonas de PCI proporciona uma calma interna com a diminuição da insegurança que vai permitir que a criança possa continuar sua evolução psíquica. A criança passa ao seu Psiquismo Organizado e Diferenciado e as Zonas de PCI ficam como que congeladas no tempo e tamponadas pelos vínculos compensatórios.

VÍNCULO COMPENSATÓRIO

O Vínculo Compensatório é um tipo de vínculo que a criança estabelece com pessoas ou coisas, delegando para as pessoas ou coisas uma função psicológica que deveria ter existido mas não existiu. A função psicológica que não existiu está ligada ao clima facilitador que não existiu, em seu lugar ficando um "vazio".

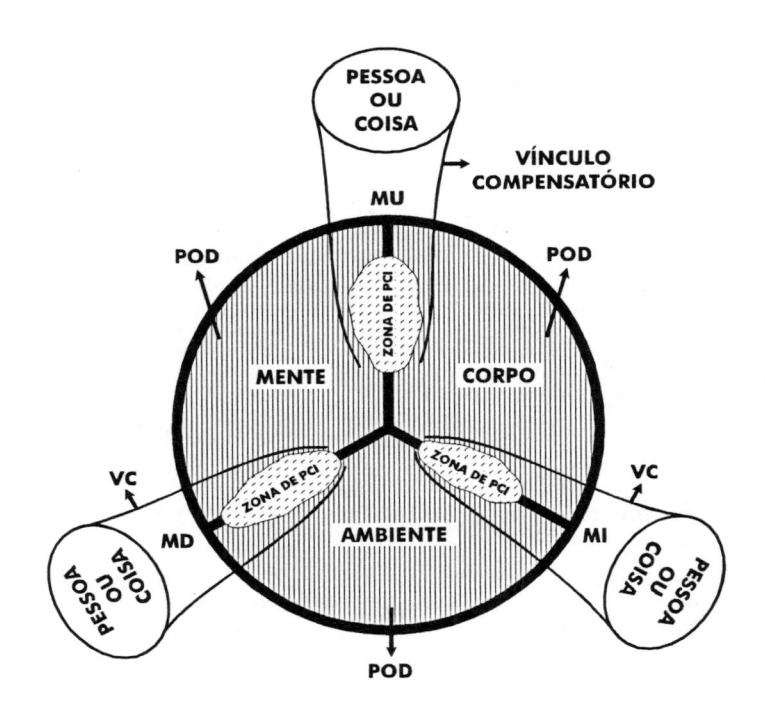

Ao delegar a função psicológica que não existiu mas de que a criança sente falta, e a necessidade de existir para uma pessoa ou coisa, *a criança passa a sentir falta do objeto, seja ele pessoa ou coisa, a quem ela delegou esta função, independente de a pessoa ou coisa realmente cumprir a função delegada.* Desta forma a *falta interna é substituída por uma falta externa.*

Assim, a Zona de PCI gerada pela falta do clima facilitador que permitiria que ela se desenvolvesse, passa a ser tamponada, substituída, pelo vínculo compensatório correspondente.

Já existe na literatura psiquiátrica e psicológica a descrição do Vínculo Simbiótico, que é semelhante à que passo a utilizar. Como o Vínculo Simbiótico é descrito para pessoas e não para as coisas, resolvi utilizar a nomenclatura Vínculo Compensatório, para definir o mesmo tipo de vínculo para pessoas ou coisas. No decorrer do livro citarei muitas vezes o Vínculo Simbiótico como o Vínculo Compensatório com pessoas.

Na medida em que a criança exclui suas Zonas de PCI ela diminui seu grau de angústia e insegurança mas em compensação *passa a ter uma dependência do objeto ligado ao vínculo compensatório.* A criança só se sente completa quando existe a presença do objeto (pessoa ou coisa) em que está delegada a função psicológica que faltou.

Portanto, a identidade desta criança, a partir de agora passa a ser Psiquismo Organizado e Diferenciado mais a Zona de PCI delegada a um ou mais objetos (pessoas ou coisas) por meio do Vínculo Compensatório.

O Vínculo Compensatório mais conhecido é o famoso "paninho" ou a chupeta ou o "ursinho" etc. Vemos que a criança passa a desenvolver uma relação de intensa dependência com estes objetos, sentindo forte angústia na ausência deles.

Obviamente os vínculos compensatórios mais fortes são com a mãe, o pai, e seus substitutos diretos. Para poder se desligar da mãe e pai, para ir à escola, brincar com amigos, ter alguma autonomia, etc., a criança desloca o vínculo compensatório para o paninho, o ursinho, a chupeta, a babá, a "tia" da escola, etc.

Mais tarde, os vínculos compensatórios passam para os amigos, namorado/a, marido, esposa, trabalho, comida, bebida, drogas, cigarro e inúmeras outras possibilidades, embora o vínculo compensatório básico permaneça sempre com a mãe, o pai e seus substitutos, que são as pessoas que deveriam ter propiciado o clima facilitador que não foi dado.

Vamos ter três possibilidades de vínculos compensatórios, um para cada Zona de PCI (vide figura 7).

O vínculo compensatório é sempre um "vínculo irresponsável", onde o que se delega não é a função mas sim a responsabilidade da função. O indivíduo passa a esperar e até a cobrar do objeto do vínculo compensatório a função que ele não teve como bebê, não assumindo em momento algum a responsabilidade de "ele próprio suprir a função que não teve".

1 — *Vínculo Compensatório de Ingeridor*

Neste caso a função psicológica envolvida é ligada à Zona de PCI de ingeridor e refere-se à "função de cuidar".

Portanto, *"eu não sou responsável por cuidar de mim mesmo ou dos meus interesses, o responsável é o outro (coisa ou pessoa)"*. O indivíduo passa a esperar, a acreditar ou mesmo a cobrar que a responsabilidade de "ser cuidado" é do outro e não de si próprio. Para ter a sensação de "ser cuidado" depende do objeto onde está a função delegada.

2 — *Vínculo Compensatório de Defecador*

Neste caso a função psicológica envolvida está ligada na Zona de PCI de defecador e refere-se à "função proteger".

A função proteger está relacionada à noção de escala de valor, certo, errado, adequado, bom, mau, feio, bonito, etc., incluindo a noção de limites tal como o posso, não posso, devo, não devo, etc. Portanto, *"eu não sou responsável por definir meus próprios valores e os meus limites ou os limites e valores dos outros. A responsabilidade é do outro (coisa ou pessoa) fazer isto para mim"*. A função de me proteger passa a ser esperada do outro e não de mim mesmo. Para se sentir protegido, com a noção dos valores e dos limites o indivíduo passa a depender do objeto em que está a função delegada.

3 — *Vínculo Compensatório de Urinador*

Neste caso a função psicológica está ligada à Zona de PCI de urinador e relacionada à "função de orientação".

A função de orientação está relacionada aos processos de se orientar na vida, nas atitudes, nos encaminhamentos, etc. assim como os processos de decisão. Qual das opções eu escolho, em qual restaurante vamos jantar, assumo ou não este emprego, namoro com a Maria ou com a Alice, etc.

Por conseguinte, *"eu não sou responsável por orientar e decidir minha própria vida e minhas próprias atitudes. O responsável passa a ser o outro"*. Desta forma o indivíduo está sempre acreditando, esperando e até cobrando do outro uma orientação ou decisão sobre a sua própria vida, em vez de poder assumir que quem tem de decidir e orientar sua vida é ele próprio.

CONCEITO DE IDENTIDADE

Com a exclusão das Zonas de PCI e a formação dos Vínculos Compensatórios, a criança de mais ou menos três anos continua seu desenvolvimento psicológico sem muita angústia. Suas vivências vão sendo registradas no Psiquismo Organizado e Diferenciado — POD. Entendemos como vivências seus sentimentos, sensações, pensamentos e percepções tanto em relação a si mesma como em relação aos outros e ao mundo que a rodeia. Como já dito, as vivências do clima inibidor, sensação de falta, tensão crônica e bloqueio da espontaneidade ficaram registradas na Zona de PCI, tal como foram sentidas como bebê e ficam congeladas no tempo, tamponadas pelo vínculo compensatório.

As mesmas sensações registradas nas Zonas de PCI também estão registradas no POD, com a diferença de que não ficam congeladas; pelo contrário, sofrem alterações com a evolução do PCI para POD e vão se alterando com todas as vivências posteriores que vão sendo registradas no POD. Mas, permanecem como pano de fundo no POD, junto com as outras vivências cenestésicas ligadas aos climas facilitadores. A este conjunto de climas fixados no POD dou o nome de *Clima Afetivo Interno*, do indivíduo.

Por um processo de identificação, a criança vai identificando as pessoas que a cercam com o Clima Afetivo Internalizado, produzindo uma vinculação interna entre o Clima Internalizado e as Pessoas, transformando estas pessoas em *Figuras de Mundo Interno*. Tal processo de identificação acontece em relação às pessoas que vão convivendo com a criança, mas também com conceitos morais, filosóficos, religiosos, normas de conduta, etc.

Por exemplo, uma criança que tenha como sensação um clima inibidor de rejeição, passa e identificar esse clima de rejeição com a mãe, pois esta emite um clima semelhante ao que a criança registrou em seu psiquismo (POD). Depois passa a identificar este clima numa professora do seu curso primário, que tem um comportamento e emite um clima semelhantes (rejeitadora). Mais tarde, vai identificar a sensação de rejeição com um conceito religioso aprendido. Posteriormente, identifica a sensação de rejeição com uma amiga, mais adiante com conceitos políticos filosóficos e finalmente com o seu atual chefe. Este conjunto de pessoas e conceitos estão ligados entre si e com o psiquismo da criança pelo traço relacionado ao clima inibidor de rejeição. Estas pessoas, estes conceitos, ou pessoas que representam tais conceitos passam a fazer parte do mundo interno deste indivíduo como figuras de mundo interno.

No meu modo de entender não se "introjetam figuras" — o que ocorre é que se *incorporam climas afetivos que por um processo de identificação posterior vão se identificando com pessoas e conceitos que ficam registrados no POD como Figuras de Mundo Interno*.

Embora tenha dado um exemplo ligado ao clima inibidor, estas relações vão acontecer em relação tanto aos climas inibidores, como com os climas facilitadores, como com as sensações basais, enfim, com qualquer clima afetivo do clima interno do indivíduo.

As vinculações clima afetivo interno x pessoas ou pessoas representando conceitos vão se registrando no POD e formando vários tipos de seqüências interligadas como as exemplificadas acima (sensação de rejeição, mãe, professora do primário, padre "conceito religioso", amiga, líder político "conceito politico/filosófico", chefe). A estas seqüências chamo de *Cadeia Superegóica*. As cadeias superegóicas acabam por produzir uma conceituação interna de como se conduzir na vida e estarão relacionadas com as conceituações de moral estabelecidas na família e na sociedade em que a pessoa vive.

A somatória das vivências do indivíduo com as vinculações entre seus climas afetivos internos com pessoas e conceitos (religiosos, morais, filosóficos, políticos, sociais, etc.) vai estabelecer uma noção de entendimento em relação a si mesma, aos outros e ao próprio mundo que chamo aqui de *Conceito de Identidade*.

Conceito de Identidade é como a pessoa acha que é, e como ela acha que os outros são, e vai evoluindo de acordo com a idade e com as vivências que vão ocorrendo na vida desta pessoa. O Conceito de Identidade está registrado no POD e é consciente.

A estruturação das vivências vai produzindo o conceito de identidade e este conceito vai interferindo na forma com que estas vivências passam a ser compreendidas e até mesmo registradas no POD.

Por exemplo: Maria, 4 anos. Ela começa a ter noções como "a Maria é obediente e boazinha, já a Clara (irmã) é muito desobediente", "a Maria é o xodó do João (pai)", "a Alice (mãe) é uma coitada", "o João é muito bravo", "mentir é muito feio", "a Maria gosta muito do Joãozinho (irmão mais novo)", "fulana é muito invejosa (tom de desaprovação)", "fulano é muito rico (tom de aprovação)", etc. Desta forma Maria vai experimentando vivências ligadas a inúmeras situações que vão mobilizar seus sentimentos, pensamentos, percepções em relação a si mesma e aos outros dando uma noção de quem ela é e de como são as outras pessoas, assim como a noção de quem ela deve ser e de como devem ser os outros. Desta forma Maria vai formando um conceito da identidade de si mesma e da identidade dos outros.

O Conceito de Identidade passa a ser formado por um conjunto de conceitos que gradativamente passam a não ser questionados e posteriormente aceitos como "verdades" em relação a si mesma, aos outros e ao mundo.

O Conceito de Identidade é um ponto de referência sumamente importante, pois é apoiado nele que o indivíduo passa a se sentir localizado na vida e passa a pautar suas condutas e a conduta das pessoas. Qualquer questionamento do Conceito de Identidade mobiliza angústia ligada ao processo de busca e as sensações a ele ligadas (perda parcial de identidade, sensação basal de incompletude, insegurança e medo).

MATERIAL DEPOSITADO NA ZONA DE PCI

Na medida em que se vai formando o conceito de identidade a criança vai tendo cada vez mais uma formulação teórica de quem ela é e de quem são os outros e de como devem ser as coisas.

Vivências que contradizem de forma e intensidades variáveis o conceito de identidade passam a se tornar focos de contradição dentro do psiquismo, gerando insegurança e angústia em relação a si mesma e aos outros.

Essas vivências, sejam elas sentimentos, percepções de si mesmo e dos outros, pensamentos etc., que contradizem de maneira frontal o conceito de identidade que está sendo estabelecido, funcionam como vivências desestabilizadoras e precisam ser eliminadas. Obviamente, não podemos eliminar vivências, pois, uma vez sentidas, percebidas e pensadas já fazem parte integrante do psiquismo. O que a criança passa a fazer é *excluir do plano consciente as vivências que contradizem de forma frontal o conceito de identidade, lançando-as para um plano subconsciente e desvinculado do conceito de identidade.*

Como já existe uma zona de exclusão no psiquismo que é a zona de exclusão das zonas de PCI, e que permanece como material inconsciente, as vivências que se chocam com o conceito de identidade vão sendo depositadas nesta mesma zona de exclusão e permanecem como material subconsciente.

A estas vivências dou o nome de *Material depositado na zona de PCI.* Quero deixar claro que o material depositado na zona de PCI são vivências de POD (material de POD) e que, portanto, já foram conscientes, mas vão ficar "esquecidas" para não se chocar frontalmente com o conceito de identidade.

Por exemplo, no caso hipotético de Maria, na medida em que sente raiva e ciúmes do Joãozinho, isto vai se chocar frontalmente com o conceito "a Maria gosta muito do irmãozinho". Ou quando ela percebe que a mãe, com seu jeito de vítima, consegue pela culpa controlar toda a família: esta percepção vai se chocar frontalmente com o conceito de que "a Alice é uma coitada, dominada pelo marido". Ou quando tem um pensamento de que talvez o pai dê tantos presentes para a Clara e não puna tanto as suas desobediências porque ela (Clara) pode ser o xodó do pai, isto se choca com o conceito "Maria é o xodó do João" e assim por diante. No que Maria assuma estes sentimentos, pensamentos e percepções seu conceito de identidade sofre uma contradição frontal. Para evitar isto o psiquismo de Maria pode "esquecer" esta raiva e estes ciúmes "esquecer" esta percepção de mãe dominadora e dissimulada, "esquecer" estas deduções a respeito da preferência do pai, depositando estas vivências na zona de exclusão da Zona de PCI.

Tais vivências foram registradas pelo consciente e posteriormente "esquecidas" e permanecem como material depositado na zona de PCI. Num processo de psicoterapia, ou mesmo na vida este material pode vir a ser "lembrado" pelo POD.

Desta forma o conceito de identidade de Maria vai se constituindo de inúmeras verdades a seu próprio respeito e a respeito dos que a cercam e também a respeito do funcionamento das pessoas, da sociedade e do próprio mundo. As vivências que se chocam de maneira frontal com estas verdades vão sendo excluídas do conceito de identidade.

Costumo comparar, para efeito didático, que a zona de PCI excluída é como se fosse um latão de lixo e o material depositado na zona de PCI é o lixo que vai ficando dentro do latão. Quanto mais rígido for o conceito de identidade, mais material vai ser depositado na zona de PCI. Quanto mais flexível o conceito de identidade, menos vivências precisam ser excluídas. (Figura 8)

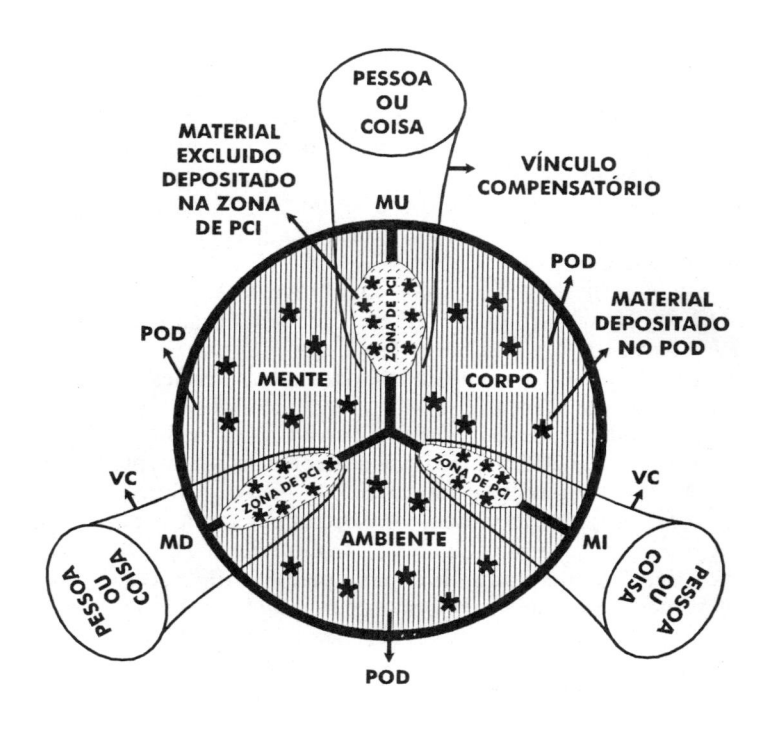

MATERIAL JUSTIFICADO

Nem todas as vivências se chocam frontalmente com o conceito de identidade. Muitas vezes as vivências contradizem de forma mais amena o conceito de identidade sem serem totalmente incompatíveis com ele. Quando uma vivência contradiz o conceito de identidade sem ser totalmente incompatível com ele, ela passa a ser registrada no próprio POD e, seguida de algum tipo de justificativa, passa a fazer parte do próprio conceito de identidade, como uma contradição justificada.

Por exemplo, no caso de Maria, quando ela percebe que o pai dá mais presentes para a irmã e é mais indulgente com ela, em vez de checar seu Conceito de Identidade "Maria é o xodó do João", ou de "esquecer" esta constatação, Maria pode justificá-la para si mesma e para os outros como "meu pai é mais duro comigo porque gosta mais de mim e é assim com a Clara porque não espera grande coisa dela". Na medida em que Maria consegue "acreditar" nesta conceituação, ela passa a fazer parte do seu conceito de identidade e pode permanecer registrada no próprio POD como uma contradição "pai presenteia mais a irmã" mas também justificada "gosta mais de mim e não espera muito da irmã".

Gosto de dar como exemplo uma fala de uma cliente minha que dizia: "Sempre fui uma mãe exemplar, e me dediquei sempre aos meus filhos. O fato de eles nem me visitarem no Dia das Mães me entristece muito. Acho que meu erro foi dar amor demais". Desta forma ela consegue justificar o "sempre fui boa mãe" com "meus filhos não me visitam no Dia das Mães".

O material justificado fica no próprio POD e o chamo de Exacerbação do POD, pois é uma forma de cristalizar ainda mais as "verdades" do conceito de identidade mesmo que contraditórias. (Figura 9)

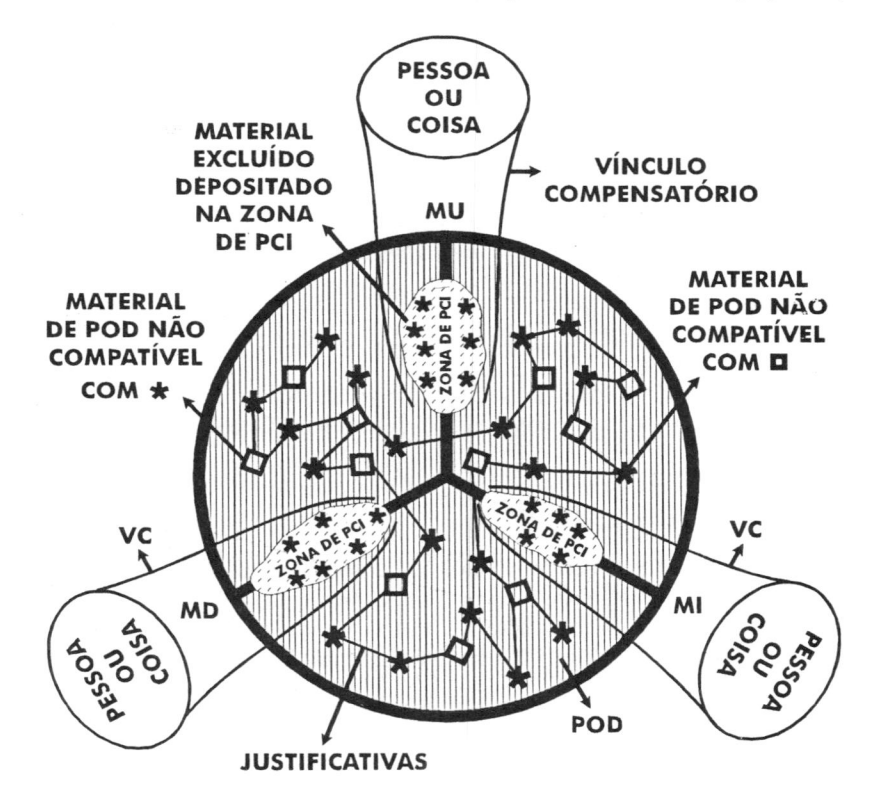

DEFESAS INTRAPSÍQUICAS

Como vimos até agora, vamos ter um Psiquismo Organizado e Diferenciado, composto por vários tipos de material (vivências):

1 — POD propriamente dito composto das vivências conscientes do indivíduo, onde também estão registradas as Figuras de Mundo Interno e as Cadeias Superegóicas

2 — Material Justificado, presente no POD, consciente, mas em forma de contradições explicadas (justificadas).

3 — Material Depositado na Zona de PCI, que é um material de POD, que se choca frontalmente com o conceito de identidade e fica numa esfera subconsciente.

Como também já vimos, o material depositado na Zona de PCI não deve vir à tona na esfera do consciente, pois vai pôr em xeque o conceito de identidade, isto é, todas as premissas, verdadeiras ou falsas, que o indivíduo tem a respeito de si mesmo e a respeito do outro. Para evitar que este material venha à tona o psiquismo lança mão de mecanismos que impedem que o psiquismo tome conhecimento consciente deste material, mesmo que ele tenha sido mobilizado por alguma situação. Estes mecanismos não são controlados pela vontade do indivíduo e se chamam *Defesas Intrapsíquicas*.

As defesas intrapsíquicas vão ser acionadas sempre que houver mobilização de material depositado na zona de PCI, e que esta mobilização ameace tornar consciente este material. Podem ser entendidas como mobilização situações que possibilitem fortes questionamentos ou autoquestionamentos do indivíduo em relação a si mesmo ou ao outro.

Assim como comparo a zona de PCI com um latão de lixo e o material depositado na ZPCI ao próprio lixo, a defesa intrapsíquica seria a tampa do latão de lixo, que impede que o lixo (material depositado) venha para fora.

As Defesas Intrapsíquicas, conforme o Núcleo do Eu, são seis e estão relacionadas aos modelos e às áreas em que estão localizadas: (figura 10)

1 — *Defesa conversiva*

Localizada na Área Corpo junto ao modelo de ingeridor. Tampona material depositado na zona de PCI de ingeridor. Tampona basicamente os sentimentos, convertendo-os em sensações corporais tais como, formigamentos, paralisias, paresias, estranhezas, "cegueira", "surdez", cefaléias, tremores, etc.

2 — *Defesa fóbica*

Localizada na Área Ambiente junto ao modelo de ingeridor. Tampona material depositado na zona de PCI de ingeridor. Tampona basicamente as percepções, projetando-as no outro (ambiente externo) e fugindo ao contato com elas. Exemplo: projeto minha erotização no tarado e fico fugindo dele.

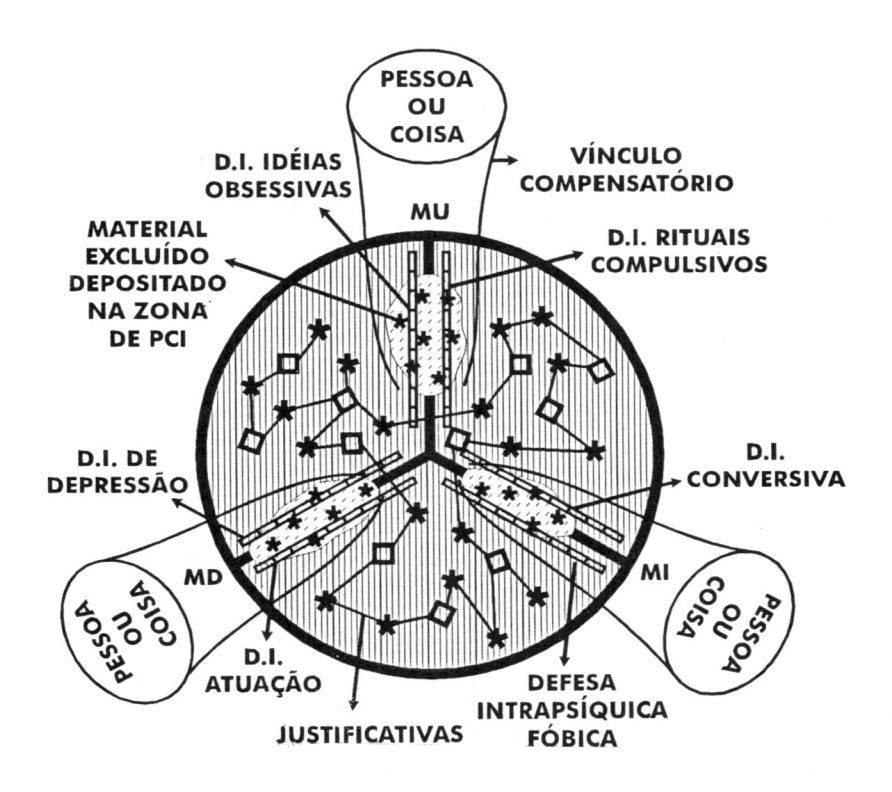

3 — *Defesa de atuação*

Também chamada de psicopática. Localizada na Área Ambiente junto ao modelo de defecador. Tampona material depositado na zona de PCI de defecador. Tampona basicamente a expressão e comunicação das próprias intenções, sejam elas ligadas aos sentimentos, percepções e pensamentos, criando situações para que o outro as expresse e comunique em vez de se expor. Exemplo: Desejo pedir desconto em um determinado produto. Não posso admitir isto em mim mesmo. Crio uma situação em que "forço" o outro a me oferecer um desconto. A pessoa não tem consciência da própria intenção, pois está ligada a material depositado na Zona de PCI.

4 — *Defesa mental depressiva*

Também chamada de depressiva. Localizada na Área Ambiente junto ao modelo de defecador. Tampona material depositado na zona de

PCI de defecador. Tampona basicamente a criação (tomar conhecimento) de material interno ligado às intenções, sentimentos, pensamentos e percepções e à conseqüente elaboração deste material — desencadeando um processo de pensamento com uma pseudocriação e elaboração "sem fim". Esta pseudocriação e elaboração sem fim é o mecanismo mental das depressões e na verdade impede a verdadeira criação e elaboração. É importante não confundir a defesa depressiva com os quadros de depressão. Exemplo: Ao invés de entrar em contato (criação) com o meu desejo de abandonar a namorada e as razões (elaboração) que me levam a isto eu passo a questionar mentalmente as mil e uma razões que ela teria para me abandonar e também as razões pelas quais aconteceram outros abandonos em relação a mim mesmo e aos meus amigos. Desta maneira evito entrar em contato comigo mesmo pois estes sentimentos e atitudes não cabem em meu conceito de identidade e estão depositados na Zona da PCI.

5 — Defesa de idéias obsessivas

Localizada na Área Mente junto ao modelo de urinador. Tampona material depositado na Zona de PCI de urinador. Tampona principalmente pensamentos, fantasias, devaneios, planejamentos de ações que denunciarão desejos e necessidades internas que vão contra meu conceito de identidade. Impede que este material (pensamentos, fantasias, devaneios e planejamentos) venha à tona ocupando o pensamento (Área Mente) com pensamentos persistentes e repetitivos tais como contar ladrilhos, somar números das chapas de automóveis, ficar cantando mentalmente uma música, escrever mentalmente discursos intermináveis, pensar e repensar como vou me conduzir numa situação hipotética, etc.

6 — Defesa de rituais compulsivos

Localizada na Área Corpo junto ao modelo de urinador. Tampona material depositado na zona de PCI de urinador. Tampona principalmente a execução de ações que levariam à gratificação de desejos e necessidades internas não compatíveis com o conceito de identidade. Impede a conscientização dessas ações e as próprias ações, deslocando o impulso de agir para ações "inofensivas", que são os rituais tais como lavar as mãos (ao invés de se masturbar, por exemplo), e inúmeros outros rituais.

As defesas intrapsíquicas conseguem impedir que o material em questão entre em contato com a consciência, mas *não impedem a vivência da angústia que ocorreria se isto acontecesse*. Tanto, que a mobilização das defesas está sempre ligada à angústia. A defesa intrapsíquica impede a consciência do material mas não impede a vivência da angústia. Exemplo: numa defesa conversiva o formigamento da mão vem seguido de uma angústia incompatível com o fato, mas compatível com o material que viria à consciência. E assim também para as outras defesas.

ACOMODAMENTO PSICOLÓGICO

Ao redor de 2,5 a 3 anos a criança já terminou sua estruturação básica dos modelos psicológicos e delimitação das áreas. A permanência das zonas de PCI convivendo com o POD produzirá as sensações básicas da psicopatologia que são a perda parcial de identidade, sensação basal de incompletude, insegurança e medo. O conjunto destas sensações vai desencadear o processo de busca e o aparecimento de angústia patológica, ligada aos conflitos do mundo interno (vide *Psicodrama — Teoria e Prática*). É impossível para a criança estabelecer suas relações com o mundo externo nestas condições, o que faz com que ela exclua as zonas de PCI da identidade, tamponando-as e congelando-as por meio dos vínculos compensatórios. Desta forma ela consegue diminuir o processo de busca e a angústia a ele relacionada. Em sua inter-relação com o mundo externo a criança sofre uma série de vivências que vão dando origem ao conceito de identidade. O conceito de identidade passa a ser um ponto de referência tanto em relação a si mesma como em relação aos outros e ao mundo. Para que o conceito de identidade se mantenha razoavelmente harmônico, o indivíduo passa a excluir material que cheque de maneira frontal este conceito ou a justificar o material que se choque de forma mais branda com este mesmo conceito. Para impedir que o material excluído do conceito de identidade venha à tona o psiquismo lança mão de defesas intrapsíquicas, que vão ser mobilizadas cada vez que houver uma ameaça de este material se tornar consciente.

Com todos estes mecanismos psicológicos, o indivíduo consegue diminuir muito o seu processo de busca e a angústia patológica a ele relacionada.

A esta situação chamo de *Fase de Acomodamento Psicológico*, na qual o indivíduo — apesar de ter seus bloqueios do desenvolvimento psicológico com todas as conseqüências daí advindas — consegue ficar compensado com pouca angústia.

A fase de acomodamento psicológico é a fase em que vivem a maioria das pessoas. A compensação da angústia patológica e o abrandamento do processo de busca fazem com que as pessoas consigam cumprir parte de suas necessidades internas e uma parte das exigências sociais a que estão submetidas. É um equilíbrio instável, mas um equilíbrio que pode ser bem satisfatório e durar até a vida toda.

O acomodamento psicológico fica dependendo de três grandes pilares:

1 — Vínculos compensatórios — que garantem a exclusão da Zona de PCI da identidade do indivíduo.

2 — Defesas intrapsíquicas — que garantem a exclusão do material depositado na Zona de PCI do conceito de identidade do indivíduo.

3 — Justificativas — que garantem o não acirramento das contradições registradas no conceito de identidade (vide Figura 10).

Qualquer situação de vida, seja ela desencadeada pelo mundo externo ou pelo mundo interno do indivíduo, que abale quaisquer destes pilares pode levar a uma *desestabilização psicológica*, com o retorno do processo de busca e da angústia patológica.

CAPÍTULO III

O QUE É PSICOTERAPIA?

Ao redor de 2,5 a 3 anos a criança já tem instalado um processo de busca. A angústia ligada ao processo de busca é o próprio motor do processo. Para diminuir a angústia dentro do psiquismo o indivíduo passa a buscar algo que lhe supra a sensação de perda parcial de identidade, sensação basal de incompletude, insegurança e medo, e com isto conseguir se sentir integrado, uno, inteiro. Na medida em que o indivíduo não consegue suprir o que falta ele vai estruturando mecanismos psicológicos que possibilitem um acomodamento psicológico. A fase de acomodamento psicológico inibe parcialmente o processo de busca, que volta a ser atuante quando existe um quadro de desestabilização psicológica, vulgarmente chamado de crise.

Durante a crise o indivíduo sente forte angústia e uma grande necessidade de algo que o retire desta situação (processo de busca).

PROCESSO DE BUSCA

O processo de busca se instala ainda em criança e permanece presente a vida toda. *Ele só cessa quando o indivíduo consegue integrar a zona de PCI que estava excluída (catarse de integração).*

Esta busca na vida pode — com o tempo e o amadurecimento — produzir resultados bastante satisfatórios, permitindo que o indivíduo vá se conhecendo e se aceitando cada vez mais como ele é e não como ele deveria ser (resgate do material depositado nas zonas de PCI) para finalmente poder resgatar as zonas de PCI excluídas (catarse de integração), e assim tomar posse de sua identidade. Freqüentemente a busca na vida é pouco eficiente e é muito fácil que o indivíduo confunda uma busca de identidade com outras buscas tais como dinheiro, sucesso, sexo, prestígio etc.

As principais causas de insucesso da busca na vida são:

1 — Não se tem uma idéia clara do objeto de busca. Desta forma o indivíduo não sabe que a busca está ligada a faltas internas e não a

faltas externas e o suprimento das faltas externas não supre as faltas internas.

2 — Não é uma busca sistematizada. O indivíduo na vida tem a sensação de falta e intuitivamente tenta buscar o que ele "acha que falta". Mas, carece de uma sistematização em termos de técnicas, procedimentos, tempo, etc. para se dedicar a esta busca.

3 — Não se tem o controle das variáveis internas de comportamento o suficiente, para, ao se encontrar o objeto de busca, poder reconhecê-lo e até integrá-lo. Por exemplo: um indivíduo, que para seu processo de busca necessite de uma situação de proteção, julgamento e limites, que faltou na sua fase de bebê. Ao encontrar uma situação deste tipo, por exemplo com um chefe, ele não consegue controlar seus comportamentos reativos (oposição, rebeldias, preguiça, etc.) e acaba por perder esta situação.

4 — Não se tem o controle das variáveis externas do comportamento das outras pessoas para que sejam criados os climas e situações de que o indivíduo necessita para suprir necessidades que faltaram em seu desenvolvimento psicológico. No exemplo anterior, mesmo que o indivíduo controlasse seus comportamentos, ele não poderia controlar o comportamento do chefe para que este fizesse o papel de protetor, julgador e estabelecedor de limites da forma que o indivíduo necessita.

Desta forma, a busca na vida necessita de um alto grau de intuição e ao mesmo tempo fica submetida às regras do acaso para que determinadas situações aconteçam.

Qualquer situação de vida que de alguma maneira ofereça algum esclarecimento em relação ao objeto de busca, alguma sistematização técnica em relação à busca e algum controle sobre as variáveis de comportamento de si mesmo e do outro funciona como *um processo acelerador do desenvolvimento psíquico, e dentre os processos aceleradores do desenvolvimento psíquico conhecidos, o mais completo e eficiente chama-se psicoterapia.*

A psicoterapia:

1 — Clareia e conscientiza o objeto de busca, na medida em que norteia o indivíduo sobre as faltas internas e as faltas externas.

2 — Sistematiza os procedimentos da busca. Utiliza-se de técnicas para a abordagem do intrapsíquico e no manejo das defesas intrapsíquicas e dos vínculos compensatórios

3 — Controla as variáveis internas. Possibilita que o individuo entre em contato com suas defesas e tendências reativas ao se aproximar dos objetos de busca. Por exemplo, ajuda a conscientizar o medo de ser submetido que este indivíduo tem e ao mesmo tempo a necessidade que tem de alguém que lhe cobre determinados limites.

4 — Controla as variáveis externas, criando situações artificiais (dramatizações, relação terapeuta-cliente, grupos de psicoterapia, psico-

terapia de casais e famílias, etc.) para a produção das situações que faltaram na vida deste indivíduo ou então auxilia a tentar criá-las na vida.

A psicoterapia é um conjunto de procedimentos inter-relacionais que possibilita a orientação adequada e aceleração sistematizada do processo de busca. Mas, a psicoterapia não cria um processo de busca. Portanto, a psicoterapia só acontece efetivamente quando se tem um processo de busca ativado e conseqüentemente a presença da angústia patológica.

UNIVERSO PSICOTERÁPICO

Chamo de universo psicoterápico todo o campo de abordagem que faz parte de uma psicoterapia. São três os universos que a psicoterapia vai abordar:

A — Universo Relacional

Diz respeito às relações que o indivíduo tem com os outros e com o mundo. Moreno lançou o conceito de tele, e um indivíduo que estabeleça relações télicas (capacidade de ver, entender, sentir e perceber o outro como o outro se vê, se entende, se sente e se percebe), teoricamente não teria dificuldades relacionais. Entretanto, por falta de vivência, falta de amadurecimento, rigidez moral, religiosa, ideológica, filosófica, ou por idealismo etc. o indivíduo não consegue "ver o outro como ele é e sim como ele deveria ser ou como o indivíduo gostaria que ele fosse".

A abordagem do universo relacional consiste em auxiliar o indivíduo a "ver o outro e a si mesmo como é e não como gostaria ou deveria ser". Exemplo: Maria está profundamente inconformada e muito magoada pelo chefe ter promovido sua colega Alice e não ela, que se acha melhor capacitada tecnicamente. Durante o trabalho psicoterápico Maria percebe que o chefe é um homem vaidoso e além disto necessita para o cargo em questão de uma pessoa com espírito de liderança. Maria percebe que Alice, embora não seja uma boa técnica, tem muito espírito de liderança e além do mais sempre elogiou o chefe pelos seus feitos. Maria percebe que é uma excelente técnica mas que é muito insegura na arte de mandar e que além disto nunca se importou em estabelecer com o chefe algum contato mais amistoso além do estritamente profissional.

Desta forma Maria percebe no seu universo relacional pontos falhos que atrapalham sua carreira.

B — Universo Relacional Internalizado

Diz respeito aos conflitos não resolvidos em relação às figuras de mundo interno, principalmente as mais importantes do tipo mãe, pai, irmãos, avós, etc. Esses conflitos pendentes são fontes de mágoas e ressentimentos que acabam por interferir no "como lidar com situações externas que de alguma forma têm semelhanças com as situações não resolvidas no mundo interno". A solução destes problemas, não é, como no exemplo acima, só uma questão de amadurecimento em relação à vida e de alguns valores morais. A solução é abordar dentro da esfera intrapsíquica os conflitos básicos com as figuras de mundo interno e que uma vez abordados, e às vezes até solucionados, permitem que o indivíduo possa lidar com as situações externas sem misturá-las afetivamente com as situações internas. O caso de Maria, por exemplo, poderia caminhar desta forma. Maria, dentro do trabalho psicoterápico, começa a valorizar o sentimento de ter sido preterida, rejeitada pelo chefe e passa a identificar esta situação com a relação entre ela, sua irmã (Clara) e seu pai (Antonio). Este trabalho foi evidenciando para Maria como o pai sempre esteve mais ligado afetivamente a Clara, como Clara sempre "paparicou mais o pai". E como Maria "comprou a briga da mãe com o pai" e também sempre esperou que este a considerasse por ser excelente aluna, nunca se preocupando em se achegar afetivamente. Desta forma Maria percebe que a situação profissional Maria-Alice-Chefe, é muito parecida com a situação Maria-Clara-Antonio, esta sim, muito mais carregada de sentimentos e de ressentimentos. A primeira situação está no universo relacional e a segunda está no universo relacional internalizado (intrapsíquico) e é onde deve ser resolvida.

C — Universo Relacional Internalizado Projetado

Diz respeito ao delegar funções psicológicas que o indivíduo não tem no seu mundo interno para alguém do mundo externo e passar a responsabilizar esta pessoa pelo cumprimento da função delegada. Chamo a estas situações de Propostas de Vínculo Compensatório, que podem ou não serem complementadas pela pessoa do mundo externo. A abordagem do Universo Relacional Internalizado Projetado consiste em o indivíduo tomar conhecimento da função delegada (esfera relacional) e também da noção do motivo por que ela foi delegada (esfera intrapsíquica), para poder perceber que a responsabilidade sobre a função delegada é dele próprio e assim desobrigar o outro desta função. Num segundo momento começar ele mesmo a assumir a responsabilidade da função delegada. É um trabalho misto que, ao mesmo tempo em que aborda o relacional, aborda o intrapsíquico em sua forma mais primitiva que é a cenestésica. A função delegada está ligada à sensação de falta e de clima inibidor. No exemplo de Maria, o trabalho poderia caminhar da seguinte forma: Maria reclama que o chefe teria de cuidar mais da carreira profissional dela e que ele não cuidou na medida em que promoveu Alice. Maria percebe que "coloca no chefe a responsabilidade de defender os interesses dela e não assume que quem deve defender os interesses dela é ela mesma". Desta forma percebe que deixou de defender seus interesses e fazer um pouco mais de política no trabalho, à espera de que o chefe cuidasse de sua carreira. Ao se conscientizar disto, entra em contato com toda uma situação de "falta de cuidado" da mãe em relação a ela e que ela é que passou a cuidar dos interesses da mãe, até comprando brigas que eram da mãe e não dela e que realmente nunca foi cuidada por esta mãe. É uma sensação de forte solidão e da conscientização de que daqui para diante ela, Maria, vai ter de assumir o cuidado de si mesma sem esperar que outro o faça. Desta maneira, Maria retira do relacional algo que de verdade é do intrapsíquico.

ANGÚSTIA

A angústia é o motor da psicoterapia, sem angústia não existe psicoterapia. Durante o processo da psicoterapia vamos entrar em contato com três tipos de angústia que vou apenas relatar. Para uma informação mais detalhada consulte *Psicodrama — Teoria e Prática*, p. 62.

A — Angústia existencial

É a angústia ligada ao projeto de vida. Sempre que houver alguma alteração no projeto de vida, mesmo que o indivíduo, por curto período de tempo fique sem um projeto de vida, a angústia existencial tende a aparecer. É uma angústia que pode ser muito forte e a sensação que a acompanha é a de se sentir perdido, "parece que tiraram o chão sob os meus pés", "me sinto perdido, não consigo me localizar nem saber o que quero", "fico parado e apático pois não sei por onde começar a reestruturar minha vida", etc. Ela pode aparecer em qualquer momento da psicoterapia, mas é mais comum no final do processo, quando as mudanças internas começam a exigir mudanças externas. As mudanças internas dizem respeito à relação do indivíduo com seu mundo interno (figuras de mundo interno, conceito de identidade, conceitos morais, crenças religiosas, ideais, sentimentos, percepções, etc.). As mudanças externas são conseqüências das mudanças internas do indivíduo. Essas mudanças podem interferir desde algumas posturas em alguns relacionamentos até interferir fortemente em como o indivíduo estruturou sua vida até este momento (carreira profissional, casamento, filhos, envolvimentos políticos, filosóficos, cargos públicos ou privados, etc.). As mudanças externas podem alterar, às vezes profundamente, o projeto de vida e mobilizar grandes cotas de angústia existencial.

A angústia existencial é uma angústia de mundo externo e desta forma deve ser trabalhada. A postura do terapeuta frente à angústia existencial é a de, uma vez conscientizada a necessidade de um projeto de vida, ajudar seu cliente a estruturar ou reestruturar o projeto de vida, a partir das suas premissas e valores e necessidades mais básicos.

B — *Angústia patológica*

É a angústia originada dos conflitos de mundo interno, e é sempre desproporcional à realidade do mundo externo. Basicamente os conflitos do mundo interno estão localizados em dois grandes grupos: o conflito entre o conceito de identidade (POD) e o material depositado nas zonas de PCI (POD) e o conflito entre o conceito de identidade (com a inclusão ou não do material depositado na zona de PCI) e a zona de PCI excluída pelos vínculos compensatórios. Sempre que, durante o processo de psicoterapia, se abordarem temas que estão ligados a estes dois grupos de conflitos internos, a angústia patológica vai ser mobilizada. É a angústia que mais aparece durante a psicoterapia. Frente à angústia patológica o terapeuta deve tratar o cliente procurando as causas na esfera intrapsíquica. A resolução dos conflitos intrapsíquicos vai diminuindo a intensidade da angústia patológica e o resgate da zona de PCI elimina a angústia patológica ligada àquela zona.

C — *Angústia circunstancial*

É uma angústia reativa a situações de agressão do mundo externo quando a integridade física ou psíquica do indivíduo ou dos que o cercam é objetivamente ameaçada. É uma angústia proporcional à situação externa e tende a passar tão logo seja resolvida a situação ameaçadora. As situações que mais comumente geram angústia circunstancial são: conflitos profissionais, perda de emprego, doenças em família ou do próprio indivíduo, problemas financeiros, violências contra si ou contra os seus, orientação dos filhos, problemas conjugais, etc. Uma vez caracterizada a angústia como sendo circunstancial cabe ao terapeuta trabalhar com a parte sadia do indivíduo, de modo a mobilizar todos os recursos disponíveis tanto do mundo interno (coragem, força, persistência, capacidade de trabalho, "garra", inteligência, etc.) como do mundo externo (amigos, família, profissionais habilitados, dinheiro, influências, etc.) para fazer frente e solucionar a situação de ameaça. É uma situação em que cabe a função de orientação, pois o terapeuta, por sua grande vivência (casos semelhantes) e grande quantidade de informações (conhecer as diversas soluções que outros clientes utilizaram para resolver situações semelhantes), tem capacidade para dar uma orientação sobre os principais procedimentos que devem ser adotados frente a este tipo de angústia. Deve-se lembrar que a angústia circunstancial é uma angústia do mundo externo e deve ser tratada como tal, não devendo o terapeuta ir procurar sua solução no intrapsíquico.

É claro que as angústias não aparecem nitidamente separadas e muitas vezes aparecem todas juntas. A importância desta divisão é para o terapeuta saber que a postura é diferente frente a cada uma delas e que se deve privilegiar a angústia mais emergente para posteriormente trabalhar com as outras.

Em todas as psicoterapias vamos ter sempre um aspecto técnico e um aspecto relacional. Tanto o aspecto técnico como o relacional mudam de escola para escola e de linha psicoterápica para outra linha. Mas, o mais importante é ressaltar que é fundamental os dois existirem.

O indivíduo que sofreu bloqueios no seu desenvolvimento psicológico vai ter internalizado um clima afetivo desfavorável em relação a partes de si mesmo. Dois fatores interferem fortemente no clima internalizado:

1 — *Climas inibidores* — Os climas inibidores recebidos até os dois anos de idade vão ficar impressos no psiquismo do indivíduo e vão fazer parte da Programação Cenestésica. Eles vão ficar registrados na zona de PCI, da maneira e com a intensidade como foram sentidos pelo indivíduo como bebê. E vão estar registrados no POD, de forma mais abrandada, pois vão sofrendo a ação da compreensão posterior, assim como pelo desenvolvimento de mais recursos psicológicos (partes sadias) do indivíduo.

2 — *Valores morais* — Os valores morais (religiosos, culturais, familiares, sociais, modelos internalizados etc.) que estão registrados nas cadeias superegóicas vão criando um clima de censura dentro do POD que rejeita uma série de vivências (sentimentos, intenções, percepções e pensamentos) que o indivíduo tenha e que acabam por serem excluídos do conceito de identidade.

Desta maneira, o indivíduo não consegue encontrar dentro dele um clima acolhedor para aceitar o material depositado nas zonas de PCI, nem para servir de substrato para a integração da zona de PCI. Esta ausência de um clima afetivo interno acolhedor do indivíduo em relação a partes de si mesmo afeta a capacidade de autocontinência do indivíduo em relação aos seus próprios afetos (principalmente os afetos considerados como negativos). (v. p. 60.)

Durante a psicoterapia, o material que mais vai ser trabalhado é exatamente o material que está excluído e que, portanto, não é aceito pelo próprio indivíduo. Para que ele possa ter um mínimo de continência para aceitar este material é necessário que *a relação com o terapeuta apresente um clima acolhedor em relação às partes do cliente rechaçadas por ele mesmo. A este clima afetivo chamo de clima terapêutico.*

O clima terapêutico vai funcionar como um clima afetivo que favorece o amadurecimento psicológico e a aceitação das partes do cliente rechaçadas por ele mesmo e pelo social. É de exclusiva responsabilidade do terapeuta e está ligado ao seu grau de amadurecimento como profissional e como pessoa.

Comparo o clima terapêutico a uma rede de proteção que possibilita que o cliente entre em contato com partes suas censuradas sem no entanto ser muito penalizado por tais censuras.

Sistematizei o clima terapêutico em três grandes grupos de posturas: *Aceitação, Proteção* e *Continência*. Está detalhado no meu livro *Psicodrama — Teoria e Prática*, p. 50.

O clima terapêutico faz parte dos aspectos relacionais da psicoterapia e está vinculado não só à postura da escola psicoterápica, mas à própria pessoa do terapeuta.

Dentro do psicodrama, vamos ter:

A — *Aspectos técnicos* — Dizem respeito a todas as condutas e técnicas utilizadas na pesquisa e tratamento dos aspectos psicológicos envolvidos no universo psicoterápico. Fazem parte dos aspectos técnicos as dramatizações, as técnicas do duplo, espelho, tomada de papéis, inversão de papéis, concretização, corporificações, realidades suplementar, solilóquios, imagens, interpolação de resistência, psicodrama interno, interpretação de sonhos, sensibilização corporal, contexto do "como se", etc.

B — *Aspectos relacionais* — Dizem respeito ao clima terapêutico e à postura do psicodramatista, tão bem descritas por Moreno. Uma postura apoiada na criatividade e na espontaneidade, que freqüentemente permite que o terapeuta se apresente como pessoa através dos depoimentos e do compartilhar.

CAPÍTULO IV

ANÁLISE PSICODRAMÁTICA
FASES DA PSICOTERAPIA

DESESTABILIZAÇÃO PSICOLÓGICA

Durante a fase de acomodamento psicológico o indivíduo passa a se apoiar basicamente no conceito de identidade, existindo pouco questionamento sobre aquilo que acredita serem as suas verdades. Com isto abranda bastante o processo de busca e a angústia. É a fase onde vivem a maioria das pessoas e existe um razoável conforto psicológico que possibilita fazer coisas produtivas, ter atividades profissionais e sociais, estabelecer família, etc., embora o indivíduo não possa se afastar muito de seus conceitos preestabelecidos e além do mais está muito dependente dos vínculos compensatórios.

A fase de acomodamento é sustentada por três pilares que são: justificativas, defesas intrapsíquicas e vínculos compensatórios.

A desestabilização psicológica ocorre quando um ou mais destes pilares é rompido de forma mais ou menos brusca. Por exemplo, numa situação de vida a pessoa pode se ver muito questionada nas suas "verdades" e não conseguir justificar para si mesmo suas contradições, ou por uma situação de grande tensão acontecer uma mobilização grande de material depositado e o aparecimento de defesas intrapsíquicas (fobias, conversões, rituais, idéias obsessivas, defesa depressiva ou de atuação). Embora as defesas intrapsíquicas impeçam que o material se torne consciente elas não impedem a angústia e a própria defesa leva a um incômodo psicológico. Ou ainda, o rompimento e ameaça de rompimento de um vínculo compensatório com a angústia e desespero que isto acarreta. Desta forma, o indivíduo — que até então estava em fase de acomodamento — entra em crise.

A crise se caracteriza pelo aparecimento da angústia patológica (desproporcional às situações reais) e do processo de busca (sensação de falta de algo e necessidade de buscar esse algo). É uma situação em que o indivíduo procura ajuda nos amigos mais velhos, na religião, nos místicos, nos médicos, enfim, em qualquer lugar onde tenha ajuda e alguns acabam por procurar um psicoterapeuta.

Há dois tipos de clientes que procuram a psicoterapia: clientes em crise e clientes que procuram a psicoterapia preventivamente, pois intuem ou têm consciência da necessidade dela, embora não estejam em crise.

Os clientes que procuram uma psicoterapia preventiva não apresentam uma angústia manifesta e o processo de busca está tamponado pelo acomodamento psicológico. Para que este cliente possa entrar no processo psicoterápico é necessária a mobilização da angústia por intermédio dos questionamentos de suas "verdades", de modo a iniciar um processo de crise controlada.

Outra característica que diferencia as duas situações é a autocontinência. Autocontinência é a capacidade que o indivíduo tem de conter dentro do seu arcabouço psicológico suas próprias contradições e angústias, conseguindo com isto uma certa organização interna que repercute diretamente no externo. A autocontinência é fundamental para que o indivíduo possa responder adequadamente às solicitações normais do dia-a-dia. Na medida em que ele não mais se contém, passa a necessitar de uma continência externa, que assuma por ele funções que normalmente seriam dele. Quando o indivíduo está em crise, sua autocontinência é muito diminuída e ele se sente perdido e incapaz, necessitando assim que alguém o oriente ou até faça por ele algumas das suas atividades.

A perda da autocontinência traz à tona uma angústia muito grande e uma necessidade intensa de procura de ajuda. É uma fase em que o tipo de ajuda procurada é fundamental, pois o cliente não está com o poder de discernir o melhor tipo de ajuda. Freqüentemente ele lança mão da que estiver mais próxima e acessível, e que nem sempre é a mais adequada. É um momento em que se procura a ajuda nas religiões, no misticismo, no esoterismo, nas drogas, na bebida, nas ideologias fanatizantes, etc. É um momento em que o indivíduo está aberto e exposto, com o senso crítico bastante diminuído e presa fácil de charlatães e impostores. Obviamente recomendo que nesse momento procure a ajuda de um psicoterapeuta ou então de alguém responsável, que tenha bom senso e preparo suficiente para ajudá-lo a voltar à fase de acomodamento sem torná-lo dependente e então de "fazer a cabeça", isto é, doutriná-lo.

Quando o cliente chega ao consultório em crise, ele está com a autocontinência diminuída e necessitando de orientação. Isto caracteriza uma situação de superaquecimento e não se consegue fazer pesquisas intrapsíquicas em clientes superaquecidos. A conduta é a de retirar o cliente da crise para posteriormente iniciar o questionamento intrapsíquico e organizar o processo de busca.

A retirada da crise se faz oferecendo uma continência externa, dada pelo terapeuta, não só pelo clima terapêutico como também pelo clareamento da situação da crise em que o indivíduo se encontra como também pela entrada estratégica e consciente do terapeuta no lugar do vínculo compensatório que porventura tenha sido rompido. Desta forma consegue-se organizar provisoriamente a vida do cliente, de modo que ele possa restabelecer suas atividades normais, sem perder de vista o questionamento e o vislumbre que teve do que lhe falta dentro do seu conceito de identidade.

Nesta fase o mais importante é canalizar a angústia ou até mesmo sedá-la para que o cliente saia da vivência de pânico e desespero em que se encontra. Pode-se utilizar medicação nas angústias mais rebeldes e até mesmo internação quando a crise é de tal grandeza que arrisque a vida do cliente ou das pessoas que convivem com ele.

Quando se estabelece uma nova fase de acomodamento, esta vai ter características diferentes da anterior, pois, ao mesmo tempo que possibilita ao indivíduo novamente lidar com suas funções diárias, não se pode perder de vista as faltas, carências, medos, impotências, violência, ciúmes, etc. que emergiram durante a crise. É o questionamento destes sentimentos, pensamentos e percepções que vai servir para iniciar o processo de psicoterapia.

Comparo a crise a uma situação no teatro, em que se abre momentaneamente a cortina, antes do começo do espetáculo e o público tem um vislumbre dos atores e do cenário. A cortina seria a fase de acomodamento que esconde o material depositado na zona de PCI e a própria zona de PCI. A crise seria um momento de vislumbre que o cliente tem de todo tipo de material (sentimentos, pensamentos, intenções, percepções, etc.) que ele esconde de si mesmo.

A retirada do cliente da crise está diretamente ligada ao estabelecimentos do clima terapêutico. É um clima de aceitação, proteção e continência, de responsabilidade exclusiva do terapeuta, que faz com que o cliente sinta que naquela relação ele é aceito nas suas partes menos nobres, protegido de sua autocensura e da censura do terapeuta e também que o terapeuta tem a capacidade de conter na sua estrutura psicológica a estrutura psicológica dele, cliente. É uma sensação de ser adotado em uma situação de extrema orfandade. O estabelecimento do clima terapêutico muitas vezes é por si só suficiente para produzir uma estabilização psicológica provisória até que se possa questionar e corrigir as raízes da crise.

Após a saída da crise o cliente se comporta como o cliente que procurou a psicoterapia de forma preventiva. Ele volta a se apoiar no seu conceito de identidade, obviamente incompleto e com isto diminui o processo de busca e a angústia patológica.

Divido a psicoterapia em três fases, para uma melhor compreensão didática. São elas :

A — Fase de questionamento do material justificado.

B — Fase das divisões internas — Confronto entre o conceito de identidade no momento e o material depositado na zona de PCI.

C — Fase do vínculo compensatório — Resgate da zona de PCI.

O conceito de identidade de um indivíduo é um conjunto de vivências registrado no POD e de acesso à memória evocativa, que lhe dá a noção de quem ele é a cada momento. Para não questionar a todo momento este conceito o psiquismo coloca vivências incompatíveis com o conceito de identidade, numa zona de exclusão subconsciente. O restante das vivências, que são apenas parcialmente incompatíveis permanecem no próprio POD mas são de alguma forma justificadas. Desta forma ele passa a ter uma ilusão de identidade, embora no nível das sensações ele sinta uma perda parcial de identidade. Por exemplo, um pai autoritário falando sobre sua filha "Eu sou um homem liberal, sempre fui. Só impeço minha filha de namorar pelo bem dela". Na verdade ele nem é liberal e impede o namoro porque tem muito ciúme da filha. O ciúme não cabe em seu conceito de identidade, carregado de valores morais e religiosos e portanto fica na zona de exclusão, registrado como material depositado na zona de PCI. Quanto à atitude autoritária, esta pode ficar no POD pois está justificada pelo "é para o bem dela". Assim, este homem não questiona seu conceito de identidade e evita entrar em contato com o material excluído. Ele sente uma sensação de incompletude, insegurança e medo mas não tem a menor idéia de onde ela está. Administra de tal forma esta contradição que aparentemente ela deixa de ser uma contradição.

A mesma situação ocorre com uma afirmativa do tipo "Você não deve fumar, meu filho, porque isto é prejudicial para a saúde. Eu fumo porque sou viciado e não consigo parar". Ele consegue administrar a contradição entre o discurso teórico e sua conduta prática graças à justificativa "eu sou viciado". Logo, não precisa entrar em contato com a própria indisciplina (de não parar), o seu comodismo e falta de vontade, e de irresponsabilidade frente a algo que faz mal. Consegue manter no conceito de identidade a noção de responsável e disciplinado graças à justificativa "eu sou viciado".

A fase do questionamento nada mais é do que fazer com que o indivíduo observe e assuma suas contradições sem acobertá-las com justificativas que, na verdade, não explicam nada, só encobrem as verdadeiras causas das contradições.

O foco do questionamento é sempre o material justificado, que pode vir de várias formas:

1 — Contradição dentro do próprio discurso.
2 — Contradição entre o discurso e a postura corporal.
3 — Contradição entre o discurso e as atitudes.
4 — Contradição entre o discurso, as atitudes e as emoções.
5 — Contradição entre o discurso, as atitudes e as intenções.
6 — Contradição entre o discurso e as percepções. (Figura 11)

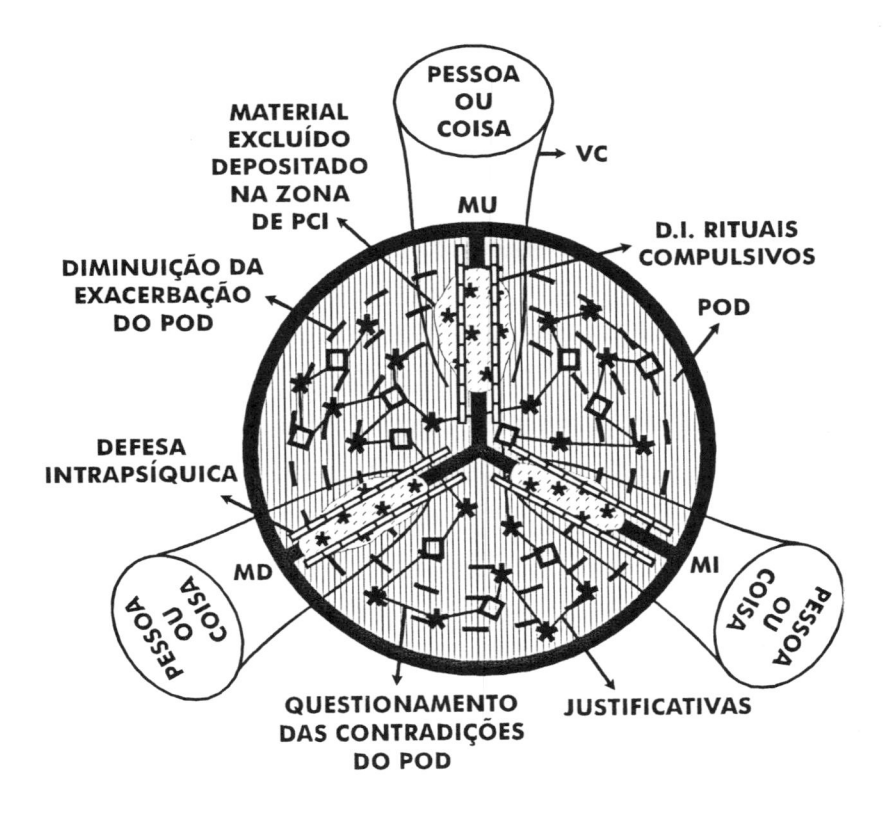

FASE I - FASE DO QUESTIONAMENTO E DO AUTOQUESTIONAMENTO

E inúmeras outras formas em que as contradições podem aparecer. Enquanto o indivíduo está apoiado nas justificativas ele não entra em contato com a angústia que está encoberta pela justificativa. Pois, se não é a explicação, justificada, qual é a verdadeira explicação para aquele fenômeno?

Na medida em que o indivíduo faz a pergunta interna de qual a verdadeira explicação ele começa a mobilizar o material depositado, que é onde reside a verdadeira explicação. E como toda mobilização do material depositado ameaça o conceito de identidade, ela vem seguida de aumento da angústia. *Portanto, a fase de questionamento é uma fase de mobilização de angústia.*

A mobilização da angústia dentro do mundo interno ativa o processo de busca (das verdadeiras respostas) e possibilita entrar em contato com o material excluído, que é o objetivo da psicoterapia.

Uma vez mobilizada a angústia ela vai sendo canalizada para as contradições e se torna uma *angústia produtiva*, isto é, serve como motor para impulsionar o questionamento. A angústia flutuante, não vinculada a contradição nenhuma, é uma *angústia improdutiva*, pois faz o indivíduo sofrer sem que ele consiga localizar o foco da angústia. Uma fase de questionamento bem feita funciona como um modelo para que o próprio cliente comece a se questionar, sem a ajuda do terapeuta. *O autoquestionamento é a capacidade de o próprio cliente identificar e questionar suas próprias justificativas e assim o seu conceito de identidade e com isto acelerar bastante o desenvolvimento da pasicoterapia.*

Uma vez que se instale o autoquestionamento, o terapeuta não precisa continuar a questionar e sim auxiliar seu cliente a aproveitar o resultado do autoquestionamento para entrar na fase seguinte da terapia, que é o contato com o material depositado na zona de PCI. No exemplo que dei, o ciúme, uma vez identificado e aceito, desmonta o material justificado e modifica o conceito de identidade.

Depressão na fase do questionamento

A fase do questionamento e do autoquestionamento sempre leva o indivíduo mais para "dentro de si mesmo" e o coloca em contato mais íntimo com seu clima internalizado. Isto faz com que o indivíduo fique mais reflexivo, mais para dentro, mais sério, e — dependendo do clima internalizado — mais triste. É uma depressão leve e não necessita, na maioria das vezes, de maiores atenções. Nos indivíduos que já são normalmente mais reflexivos até passa desapercebida. Nos indivíduos mais extrovertidos, mais "para fora", mais agitados, ela se torna mais perceptível.

Técnicas da Fase do Questionamento

As técnicas mais utilizadas na fase de questionamento são:

1 — *Questionamento direto* — Consiste em apontar diretamente as contradições do cliente sejam elas no discurso, ou discurso x atitude, ou atitude x percepção, etc. O questionamento direto deve ser feito de maneira firme mas não agressiva. O questionamento muito sutil, ou apenas sugerido, freqüentemente acaba sendo burlado pelo cliente. Não podemos esquecer que o psiquismo do cliente vai se opor ao desmonte das justificativas. Precisamos nos apoiar sempre na aliança terapêutica (terapeuta junto com a parte sadia do cliente tratando da parte doente do cliente).

2 — *Entrevista com o cliente no papel das pessoas que convivem com ele* — É uma técnica muito útil, pois apesar de raramente acontecer uma inversão de papéis, o que ocorre normalmente é uma tomada de papel — o cliente, no papel dos personagens que com ele convivem, é capaz de oferecer uma série de questionamentos a seu próprio respeito.

3 — *Átomo familiar* — Dá uma idéia de como o cliente está inserido dentro da família atual e dentro da família de base, além de trazer à tona a opinião dos familiares a respeito.

4 — *Átomo social* — Dá a idéia de como o cliente está inserido na sua roda social e traz para a terapia a opinião que os amigos e conhecidos têm a respeito dele.

5 — *Sensibilização corporal* — Faz com que o cliente entre em contato com seu corpo, pois, com o "sentir", com as ansiedades, apatias, amortecimentos, aflições, contenções, medos, etc., que muitas vezes não estão presentes no discurso.

6 — *Cenas de descarga* — Consistem em pedir ao cliente que fale, no contexto dramático, diretamente ao personagem que está sendo motivo de queixa ou reclamação. "Que em vez de reclamar para mim, terapeuta, que reclame ou se queixe para quem de direito, isto é, quem o agrediu, ou molestou, ou frustrou, etc." Quando o cliente fala ou se expressa diretamente para o personagem em questão, se evidenciam contradições entre o discurso e as atitudes.

7 — *Princípio do espelho* — Consiste em repetir para o cliente, com as palavras do terapeuta, aquilo que o cliente diz nas entrelinhas. Exemplo: para uma cliente que está com um discurso crítico e dissimulado, (terapeuta falando): "Pelo que estou entendendo você está dizendo que seu chefe é um incompetente, seu marido é omisso e seus filhos são ingratos, — é isso mesmo que você quer dizer?" Crio condições, neste momento para que a cliente reflita um pouco, se questione sobre seu discurso e sua postura.

8 — *Espelho* — Consiste em o terapeuta, repetir o discurso do cliente para que este possa, da posição de observador, avaliar melhor aquilo que ele próprio está dizendo. Batizei esta técnica com o nome de Espelho que Retira, que descrevo no capítulo sobre técnicas. Ou então, procurar imitar o comportamento, trejeitos e posturas do cliente junto com a fala Espelho Físico. Desta forma criamos um distanciamento entre o cliente e ele mesmo para que, ao se observar, ele possa começar a se questionar.

Estas são apenas algumas das técnicas mais usadas na fase do questionamento e autoquestionamento.

FASE DAS DIVISÕES INTERNAS

Uma vez estabelecido o questionamento e o autoquestionamento, o indivíduo começa a não mais aceitar suas justificativas como verdades e passa a sentir uma necessidade de descobrir a explicação verdadeira em relação à contradição em questão. Ao mesmo tempo, a angústia flutuante que ele sentia passa a se vincular a estas contradições funcionando como um "estímulo" para saber a verdade. Mas, a explicação verdadeira está num nível subconsciente, na zona de exclusão (material depositado na zona de PCI), e existe uma resistência por parte do psiquismo do cliente para que ele venha a nível do consciente.

Entendemos a fase das divisões internas como uma fase em que existe um conflito entre o conceito de identidade ora em vigor, e representado pela cadeia superegóica, figuras de mundo interno e vivências conscientes do indivíduo, todos eles registrados no POD com o material depositado na zona de PCI, que é um material subconsciente, também de POD, mas incompatível com o conceito de identidade até então em vigor.

A resolução do conflito entre o conceito de identidade e o material depositado na zona de PCI, é o resgate deste material e a entrada dele no nível consciente, ocasionando uma mudança no conceito de identidade e no clima internalizado. (Figura 12)

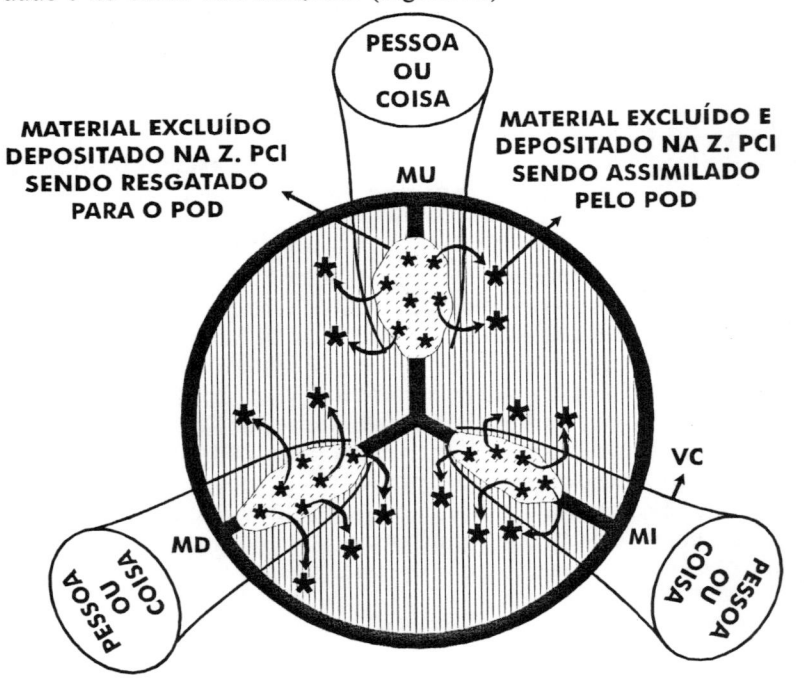

FASE II - FASE DAS DIVISÕES INTERNAS
A — Conflito

O conflito é a primeira manifestação de luta entre o conceito de identidade e o material depositado. Ele aparece em forma de sensações de duas forças de mundo interno e antagônicas. Por exemplo: estou com raiva de uma determinada situação mas tenho uma sensação de travamento na garganta que me impede de expressá-la. Tenho vontade de tomar determinada atitude mas sinto meu corpo sem energia, apático. Sinto vontade de receber determinadas atenções, mas quando isto acontece sinto meus sentimentos distantes como uma sensação de não estar presente. Na situação de conflito vou ter sempre *um conteúdo que necessita ser descarregado e um impedimento interno que impede que este conteúdo seja descarregado, sendo que a força vencedora é sempre o impedimento.*

Os conteúdos a serem descarregados estão ligados aos três modelos psicológicos.

1 — Conteúdos de Ingeridor

Desejo ou necessito receber algo mas tenho um impedimento interno. O resultado é não receber ou receber de forma incompleta. A descarga tensional seria o receber da forma mais satisfatória. A não descarga gera uma tensão interna que vai se tornando crônica.

2 — Conteúdos de Defecador

Deseja ou necessita criar, elaborar, expressar e comunicar algum tipo de conteúdo interno para o mundo externo, sejam eles emoções, pensamentos ou percepções mas existe um impedimento. O resultado é a não descarga ou descarga insatisfatória da tensão e sua acumulação dentro do psiquismo.

3 — Conteúdos de Urinador

Deseja ou necessita planejar, decidir, controlar e executar ações no ambiente externo que gratifiquem desejos internos mas existem impedimentos. O resultado é a não descarga ou descarga parcial das tensões e sua acumulação dentro do psiquismo.

A descarga dos conteúdos distensiona o psiquismo. A não descarga, ou descarga incompleta ou inadequada faz com que parte da tensão fique retida, aumentando a tensão basal dentro do psiquismo.

Os conteúdos que não podem ser descarregados estão sempre ligados com o material depositado nas zonas de PCI e os impedimentos estão ligados à cadeia superegóica e ao conceito de identidade vigente. Os conteúdos mostram como o indivíduo é, ao passo que os impedimentos fazem com que ele se comporte como ele deveria ser.

B — Divisão interna

O aprofundamento do conflito resulta nas argumentações ligadas ao impedimento e também na verbalização e argumentação da parte ligada às sensações. Desta maneira, vamos ter:

1 — *Conteúdo* — ligado às vontades e necessidades — ligado ao material depositado na zona de PCI — claramente verbalizado, tornando-se cada vez mais consciente.

2 — *Impedimento* — ligado ao conceito de identidade vigente — ligado à cadeia superegóica e referências morais — ligado às figuras de mundo interno — claramente verbalizados — POD.

A esta configuração damos o nome de *divisão interna.*

Na divisão interna as forças já não são mais sensações, elas já começam a ser verbalizadas e argumentadas. O material depositado não só já está mobilizado mas também começa a ser identificado. Por exemplo: se o que está depositado na zona de PCI é um núcleo de inveja, na etapa do conflito ele começa a ser sentido, na da divisão interna ele vai sendo conscientizado, identificado e verbalizado. O mesmo ocorre com os impedimentos que começam a ser identificados com os conceitos morais, religiosos, culturais, etc. e com as figuras de mundo interno que estão diretamente ligadas a estes impedimentos.

Nesta fase já ocorrem mudanças expressivas, pois o indivíduo fica com dois ou mais itens de conceito de identidade mutuamente exclusivos. No seu conceito de identidade vigente (POD) ele é um indivíduo generoso, que só deseja o sucesso e o bem dos outros e em nenhuma hipótese sentiria inveja. No material depositado que vai se tornando consciente ele começa a descobrir que não só não é muito generoso como morre de inveja de uma série de situações. A sensação é de confusão e de "loucura "pois é a convivência de dois conceitos de identidade mutuamente exclusivos na mesma pessoa no mesmo tempo.

C — Enfrentamento das figuras superegóicas

Uma vez conscientizados e aceitos seus desejos e vontades, sentimentos, percepções, pensamentos e intenções (material depositado que se tornou consciente) e uma vez identificados os impedimentos, suas origens e as figuras do mundo interno ligadas a eles, o indivíduo tem uma opção de modificar esta situação. Neste momento ele pode questionar e desmistificar conceitos, modelos e verdades que foram incorporados no seu psiquismo independentemente de sua vontade e autorização. Por exemplo, o conceito de inveja foi incorporado como algo feio e desprezível, pecado, e que ele é uma pessoa especial que nunca sentiria coisas deste tipo. Estes conceitos estão ligados a figuras de mundo interno que foram representantes, ou foram as que ensinaram esta criança a rejeitar estes sentimentos. As figuras de mundo interno barram a entrada do material depositado no conceito de identidade e no POD.

O enfrentamento das figuras de mundo interno é um confronto que o individuo faz hoje, adulto, entre o que ele deveria ser e o que ele é.

Ele consegue optar por desmontar conceitos e modelos de seu mundo interno que ele seguia como seus sem nunca ter questionado se realmente os aceitava. O resultado deste confronto é o apagamento de posturas ou normas superegóicas com a conseqüente aceitação do material que estava excluído que entra no POD e passa a fazer parte do conceito de identidade. No exemplo citado, a inveja passa agora a fazer parte do conceito de identidade e o indivíduo vai poder administrá-la, dosá-la e até combatê-la, mas ele sabe e aceita que sente esta inveja. O conceito de identidade se torna mais real e o indivíduo se sente mais seguro em relação a si mesmo.

D — Clima internalizado

O clima internalizado até então era um clima de censura e normativo em relação a uma série de conceitos aprendidos durante a vida e também ligado aos climas inibidores. Ao resgatar o material excluído o indivíduo tem de apagar os impedimentos e as partes das figuras de mundo interno ligadas a estes impedimentos. Desta forma ele diminui o clima internalizado de não aceitação, de proibição e de não continência em relação a si mesmo, substituindo este por um clima interno de autoaceitação, autoproteção e autocontinência. No exemplo citado, na medida em que o terapeuta pode aceitar, proteger e dar continência para o núcleo de inveja do cliente, este vai encontrando força para apagar os impedimentos e vai conseguindo ele mesmo aceitar, proteger e dar continência para seu núcleo de inveja.

A mudança do clima internalizado vai produzindo uma sensação de bem-estar psicológico, dado que o indivíduo passa a ser mais tolerante e a aceitar melhor seus sentimentos, pensamentos, percepções e intenções, mesmo que estes sejam condenáveis do ponto de vista moral. Ele se aceita como ser humano que ele é, com todas as "imperfeições" que fazem parte do ser humano.

E — Defesas intrapsíquicas

Durante toda a fase das divisões internas vão aparecer as manifestações das defesas intrapsíquicas. Como já foi dito, a função de defesa intrapsíquica é impedir que o material depositado entre em território consciente. As defesas intrapsíquicas estão fora do controle consciente do indivíduo e são uma tentativa do psiquismo de impedir alterações no conceito de identidade, que é um ponto de referência na vida do indivíduo. O aparecimento das defesas intrapsíquicas é uma das maiores causas de retardo no processo psicoterápico, pois cada vez que se mobiliza uma defesa intrapsíquica interrompe-se o processo de busca até que a defesa possa ser trabalhada e o material por ela encoberto possa a vir a nível consciente. O manejo das defesas intrapsíquicas está no capítulo referente às defesas.

F — Depressão na fase das divisões internas

A emergência do material depositado na zona de PCI vai ocasionar um confronto do indivíduo com ele mesmo. Ele vai se ver cara a cara com a sua parte feia (imoral, mesquinha, invejosa, interesseira, covarde, etc.), vai se confrontar com sentimentos que ele mesmo sempre condenou nos outros, vai se confrontar com atitudes que teve e das quais hoje se arrepende ou vai se arrepender das atitudes que não teve. Vai contatar seus julgamentos a respeito de si mesmo e dos outros e que hoje faria de modo diferente. Com isto vai perder uma boa parte da ilusão a respeito de si mesmo e dos outros. Vai se confrontar com a dura realidade de como é o ser humano. Vai poder sentir que a bondade, amizade, generosidade, amor, idealismo também convivem com a maldade, traição, mesquinharia, ódio e interesses.

O resultado deste confronto são fases depressivas, carregadas de culpa, arrependimento, sensação de perda e de desilusões. A depressão necessita ser elaborada, isto é, quanto mais o indivíduo entra em contato consigo mesmo, mais ele se deprime pois identifica aquilo com que sempre evitou entrar em contato. Elaborar a depressão é poder aceitar que o ser humano é assim e ele não é um ser especial, e sim que ele é tão humano como todo mundo. Na medida em que vão ocorrendo estas constatações a depressão vai desaparecendo dando lugar a uma sensação de bem-estar e de aceitação e amadurecimento, em relação a si mesmo e ao ser humano em geral. Deve-se evitar nesta fase a administração de antidepressivos, pois, o antidepressivo corta, impede a continuação deste confronto, empurrando o humor para um estado eufórico. O antidepressivo corta a dinâmica da psicoterapia. Quando a depressão é mais severa, aconselho o uso de hipnóticos e ansiolíticos para que o indivíduo possa pelo menos dormir e não entrar em exaustão física ou mental por falta de sono. Os antidepressivos, quando necessários, devem ser utilizados em doses muito baixas para cortar o mínimo possível a dinâmica psicoterápica. Só indico antidepressivos nas doses mais convencionais, quando a depressão for muito severa e estiver pondo em risco a vida do cliente, ou quando o sofrimento psíquico for muito alto.

G — Técnicas psicodramáticas mais usadas na fase das divisões internas

1 — Tomada de papéis e inversão de papéis
Consiste principalmente na tomada e inversão de papéis com as figuras de mundo interno. São geralmente cenas onde aparecem confrontos entre o cliente e o cliente no papel de mãe, pai, avós, irmãos, educadores, religiosos, etc. que estão como figuras internalizadas.

2 — Cenas de descarga

Consiste em o cliente poder confrontar de maneira frontal e irreversível determinadas partes das figuras de mundo interno de modo a apagar esta parte do seu conceito de identidade. São muito utilizadas nos enfrentamentos das FMI.

3 — Cenas de interpolação de resistência

São utilizadas quando a parte superegóica é tão desenvolvida que o cliente não consegue confrontá-la apesar de ser este o seu desejo. Na interpolação de resistência o terapeuta ou seu ego-auxiliar enfrentam o cliente no seu papel superegóico até que ele consiga perder a argumentação, flexibilizando assim esta posição. A flexibilização da postura superegóica permite que o desejo do cliente aflore, para então entrar na divisão interna.

4 — Solilóquios

Fazem com que o cliente possa entrar em contato mais íntimo com seus desejos e conseqüentemente mobilizam e ajudam a conscientizar o material depositado.

5 — Espelho que retira

É a técnica de escolha para o trabalho com as defesas intrapsíquicas instaladas no contexto da psicoterapia (*setting* psicoterápico). Vide capítulo sobre Defesas.

6 — Espelho que reflete

É a técnica de escolha para trabalhar as divisões internas externalizadas. Vide capítulo sobre Pesquisa Intrapsíquica.

7 — Técnica do duplo

Consiste em o terapeuta verbalizar pelo cliente aquilo que ele sente, ou pensa, ou percebe, ou tenciona, mas, como é proibido pelo conceito de identidade, ele tem dificuldade de formular de maneira mais clara.

8 — Técnica de concretização

Consiste em concretizar no corpo do cliente as sensações que ele está sentindo. Por exemplo, o cliente sente uma sensação de aperto na garganta; ele pode ser concretizado com o ego-auxiliar colocando a mão na garganta do cliente. É uma técnica muito utilizada na fase do conflito.

9 — Técnica de corporificação

Consiste em transformar em ação corporal no contexto do "como se", desejos de expressão e de ação do indivíduo em relação principalmente às suas figuras de mundo interno.

Estas são as principais técnicas utilizadas na fase das divisões internas, embora existam muitas outras. Em grupo, freqüentemente se utilizam jogos dramáticos e teatro espontâneo nesta fase.

Na medida em que avançamos na fase das divisões internas e o material depositado nas zonas de PCI vai sendo resgatado e integrado no conceito de identidade, vão ocorrendo mudanças profundas dentro do indivíduo. No final desta fase vamos ter um indivíduo com um clima internalizado de maior aceitação de si mesmo, maior autoproteção em relação às censuras tanto externas como internas, e uma grande continência interna para poder lidar com suas emoções, pensamentos, percepções e intenções, por mais imorais ou proibidas que tenham sido dentro dos valores incorporados até esta época. A escala de valores incorporadas pela educação e pelos modelos parentais (superegos) passa a ser substituída por um tipo de contenção regida pelo bom senso e pela adequação (egóico). Em outras palavras, os mecanismos de contenção dos impulsos vão deixando de ser superegóicos e normativos para se tornarem gradativamente egóicos e a vontade passa a ser mais soberana. Perde-se o medo de sentir coisas proibidas, ou de pensar coisas inadequadas ou mesmo de perceber situações até então censuradas. Entra-se em contato com as intenções mais íntimas, descobrindo cada vez mais que tipo de pessoa ele é e abandonando gradativamente o conceito do tipo de pessoa que queriam que ele fosse ou que ele deveria ser.

FASE DO VÍNCULO COMPENSATÓRIO

Durante a fase das divisões internas, o trabalho psicoterapêutico foi basicamente de mundo interno e ligado a revivescências do tempo passado. À medida que o material depositado vai sendo resgatado a zona de PCI vai se tornando mais evidente. No exemplo que dei, a zona de PCI era um latão de lixo e o material depositado era o lixo. Nesta fase é como se o lixo tivesse saído, evidenciando cada vez mais o latão. Após a integração do material depositado, no POD, o indivíduo começa a ter um clima internalizado mais favorável e um conceito de identidade mais confiável. O resultado disto é que os vínculos compensatórios e, portanto, as dependências de pessoas ou coisas começam a ficar mais evidentes tanto para o próprio cliente quanto para os que o cercam. Estas dependências começam a se tornar cada vez mais incômodas, pois impedem que o indivíduo exerça de maneira mais completa sua nova identidade.

A essência do vínculo compensatório é a de delegar para o outro ou coisa uma função psicológica que o indivíduo não teve ou teve de forma insuficiente nos primeiros dois anos de vida. O vínculo compensatório está sempre ligado a uma postura irresponsável em relação a si mesmo, já que as funções de cuidado, proteção e orientação passam a ser delegadas para o outro ou coisas. Ao mesmo tempo que o vínculo compensatório auxilia no acomodamento psicológico, mantendo excluída a zona de PCI da identidade, ele estabelece uma dependência, visto que o indivíduo passa a funcionar em função do outro ou da coisa de que depende. Desta forma o outro ou as coisas (bebida, comida, droga, cigarro, religiões fanatizantes, etc.) passam a fazer parte da identidade do indivíduo. Passa a fazer parte como se fosse uma parte do corpo. São comuns, no rompimento de vínculos simbióticos, frases como "é como se tivesse arrancado um pedaço de mim", "sinto como se tivesse um buraco no peito", "é como se tivesse um oco dentro de mim", etc. (Figura 13)

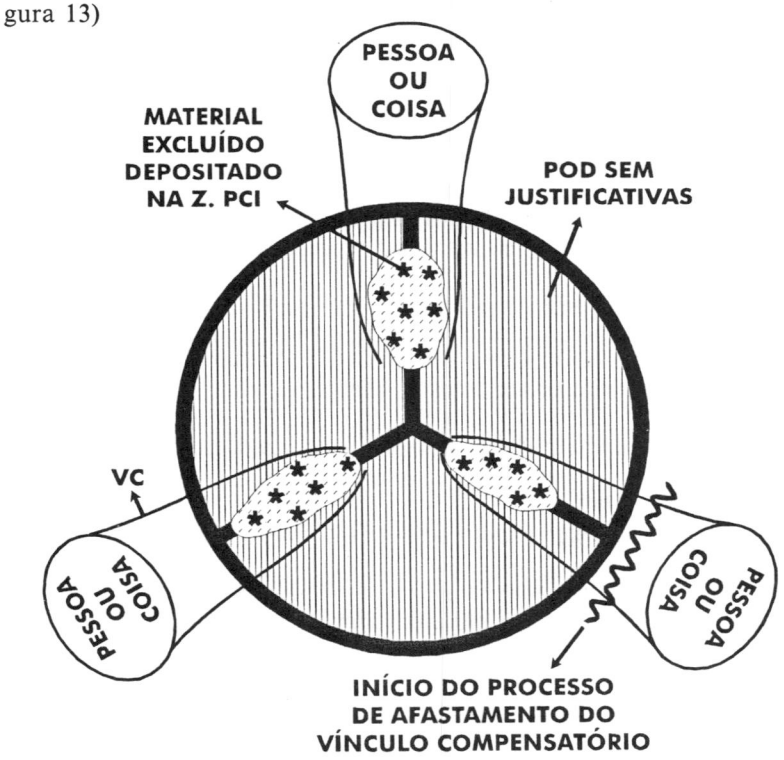

FASE III - FASE DO VÍNCULO COMPENSATÓRIO

Costumo comparar o vínculo compensatório (simbiótico) com um fio com um plugue que sai de dentro do indivíduo e que ele liga em uma tomada. O fio com o plugue é o vinculo compensatório e a tomada é o objeto (pessoa ou coisa) à qual está delegada uma função psicológica do indivíduo.

Quero fazer uma diferenciação de grande importância entre *o rompimento do vínculo compensatório e o desmonte do vínculo compensatório.*

1 — Rompimento do vínculo compensatório

Acontece quando por qualquer razão o objeto do vínculo compensatório não está mais disponível. São inúmeras as causas desta não disponibilidade. Nas pessoas as mais comuns são separações, morte, mudanças de cidade ou países, rompimentos amorosos, etc. Com as coisas as mais comuns são de ordem de saúde, "preciso parar de fumar" ou "vou ter enfisema pulmonar", "preciso largar a bebida porque estou com começo de cirrose", ou de ordem social — "não posso continuar a beber pois estou cometendo muitas gafes sociais", ou estéticas — "preciso parar de comer pois não tem mais roupas que me sirvam e estou ficando deformada". Na medida em que não se tem o vínculo compensatório a zona de PCI, tende a começar a emergir dentro do psiquismo, trazendo à tona a vivência infantil dos climas inibidores e a vivência de carência. A tendência é o indivíduo entrar em desespero e procurar rapidamente outro objeto para refazer o vínculo compensatório, voltando ao acomodamento psicológico. É clássico o exemplo do alcoólatra que abandona a bebida e fica fanático religioso, ou o tabagista que abandona cigarro e começa a chupar balas de forma compulsiva. Ou, após uma separação ou rompimento amoroso, o indivíduo começar a beber ou fumar. No exemplo dado, o rompimento do vínculo compensatório é como se perdesse a tomada onde o plugue estava inserido. E o desespero permanece enquanto não se providencia uma nova tomada para refazer a ligação.

2 — Desmonte do vínculo compensatório

O desmonte do vínculo compensatório ocorre quando o indivíduo resolve conscientemente assumir ele próprio a responsabilidade da função delegada. Ao assumir a função delegada o indivíduo destampona a zona de PCI e ela passa a não ser mais excluída da identidade. Ao fazer parte da identidade o cliente passa a vivenciar os climas afetivos que estavam cristalizados na zona de PCI. A vivência e o entendimento do clima afetivo registrado na zona acaba por permitir o resgate da zona de PCI, que é o que Moreno chama de catarse de integração. Após a catarse de integração não existe mais necessidade de vínculo compensatório na área onde a catarse aconteceu.

A — *Função Delegada*

O vínculo compensatório é um vínculo de dependência e por mais que o cliente possa ressaltar todos os malefícios que esse vínculo lhe esteja ocasionando, ele não consegue identificar o que é que faz com que ele mantenha este vínculo. Isto acontece porque a função delegada não faz parte do conceito de identidade, pois ela está excluída da própria identidade. Cabe ao terapeuta pesquisar a essência da relação em questão para identificar qual é a função delegada (cuidado, proteção ou orientação) e em qual modelo e área ela está localizada (ingeridor, defecador e urinador).

O vínculo compensatório é um vínculo de mão única, isto é, o indivíduo emite esse vínculo para outra pessoa, independentemente de outra pessoa assumir ou não a função delegada. "O fio com o plugue existem independentemente da tomada." Por exemplo, uma esposa pode delegar a responsabilidade da função psicológica de cuidado para o seu marido — isto é um vínculo compensatório de ingeridor. Caso ele assuma a responsabilidade desta função e passe a cuidar dos interesses da esposa, esse vínculo se torna extremamente sólido (neuroticamente solido), estabelecendo uma relação de dependência e muitas vezes de interdependência (se ela está compensando alguma função dele) muito grande. Muitas vezes ele não assume a responsabilidade desta função delegada e o que acontece é uma cobrança permanente por ele não cuidar e uma espera permanente dela de que algum dia ele vá cuidar, acarretando uma tensão permanente na vida deste casal. Em qualquer dos casos dizemos que o vínculo compensatório está estabelecido.

Este marido não pode desmontar o vínculo compensatório, pois a única pessoa que pode desmontá-lo é quem o emite — no caso, a esposa. Tanto que freqüentemente vemos vínculos compensatórios com pessoas que não estão mais presentes ou até já morreram ou então ligado a coisas que não interagem, apenas existem. A única coisa que se pode fazer é romper o vínculo compensatório.

A única forma de desmontar um vínculo compensatório é a própria pessoa assumir a responsabilidade da função psicológica que ela delegou para o outro ou para as coisas.

Por exemplo, Maria vem com a queixa de que seu marido prometeu abrir uma conta no banco em nome dela mas nunca concretiza tal fato. Na terapia vai se percebendo que na verdade é muito mais que isto, Maria delega ao seu marido a responsabilidade da função de cuidar dos interesses dela. O marido, algumas vezes complementa e assume esta função e outras vezes não complementa e não assume devolvendo para ela: "O interesse desta conta é seu e não meu". Isto com freqüência vira motivo de desagrado e brigas do casal.

Cada vez que se conversa sobre o tema "Maria assumir e abrir ela mesma a conta no banco", Maria entra em forte angústia e uma sensação de desespero, que não é de ir ao banco posto que Maria é quem movimenta as contas do casal e está familiarizada com o banco. A angústia fica ligada a que assumir esta responsabilidade significa assumir frente a si mesma a responsabilidade de se cuidar. Significa assumir a responsabilidade pela função delegada.

Assumir a responsabilidade pela função delegada é uma decisão interna, pessoal e intransferível entre a pessoa e ela mesma.

B — *Vivência dos climas afetivos da zona de PCI*

Ao assumir a função delegada, a pessoa entra em contato com vivências que estavam registradas na zona de PCI e tamponadas pelo vínculo compensatório. Essas vivências, como já foi dito, são vivências registradas no PCI e estão registradas tal como foram vividas até os dois anos de idade. São as vivências dos climas inibidores (abandono, hostilidade, ansiedade, medo, rejeição, etc.), núcleo de carência (sensação de falta), aflição (tensão crônica ligada à expectativa de término dos modelos) e uma sensação de travamento (perda da espontaneidade).

Estas vivências vão se instalando aos poucos e quanto mais o indivíduo vai entrando em contato com elas, mas vai se dando conta do que possivelmente ocorreu em relação aos pais e seus substitutos nos seus dois primeiros anos de vida. Estas sensações estão registradas no PCI e vêm principalmente em sonhos e sensações propriamente ditas. Desta forma o indivíduo vai formando um quadro destes dois anos, já que a memória evocativa não alcança esta época.

Um ponto importante na vivência dos climas da zona de PCI é quando do o indivíduo entra em contato com uma sensação interna de muita raiva e desespero e cobrança em relação às figuras de mundo interno (pai e mãe) que não proporcionaram na época adequada o clima afetivo facilitador necessitado. São uma raiva e uma cobrança que, uma vez descarregados, nos fazem entrar em contato com a dura realidade de que *não houve o clima afetivo desejado, não há, e não vai haver ninguém que possa suprir este clima a não ser ela mesma.*

É uma sensação de intensa solidão e desamparo. A vida "fica cinza", não tem mais encanto. É uma sensação de profunda decepção e impotência. "Como vou suprir para mim mesmo algo que não tive?"

É uma vivência muito estranha, pois ao mesmo tempo que o indivíduo continua a levar sua vida e a cumprir de alguma forma seus compromissos habituais ele está vivendo em paralelo e ao mesmo tempo sensações de quando ele era bebê. A vivência do clima inibidor quando bebê é sempre vivida como sensações de intenso desamparo, impotência, desespero, uma sensação de "sem saída e sensação de morte. O bebê sente isto frente ao abandono, rejeição, hostilidade, ansiedade e medo do adulto, visto que ao captar qualquer destas sensações ele, bebê, sente-se ameaçado na sua sobrevivência física e psicológica e não tem nenhum recurso físico ou psíquico para fazer frente a estas ameaças. O único jeito é se desesperar e agüentar, na tentativa de sobreviver. A vivência de carência é sentida como uma forte solidão, o sentir-se sozinho no mundo e uma intensa sensação de falta. A tensão crônica é vivida com uma intensa expectativa e aflição em relação a algo que deve — a qualquer momento — acontecer. E a perda de espontaneidade é vivida como uma sensação de sem graça, sem encanto. Estas vivências voltam à tona na mesma intensidade como foram sentidas como bebê, criando uma situação única na vida do adulto, em que ele é ao mesmo tempo um adulto capaz de se cuidar, proteger e se dar continência e ao mesmo tempo é um bebê desesperado, desamparado, "sem saída", e com uma sensação de morte, além de uma intensa solidão e desencanto com a vida, com as pessoas e com tudo.

É a pior sensação que ocorre durante o processo de psicoterapia e são comuns frases do tipo "eu juro que se soubesse que terapia era isto eu preferia continuar como era", "gostaria de nunca ter inventado fazer terapia", "isto é pior que morrer" etc.

A única coisa a fazer nestas situações é suportar estas vivências. O terapêutico, nestas situações, é a pessoa conseguir que, ao mesmo em tempo que continua a ter suas vivências de hoje, consiga suportar o reviver de suas vivências como bebê. Na medida em que o indivíduo consiga suportar a vivência do clima inibidor e do núcleo de carência, estas vivências vão se abrandando gradativamente até desaparecerem por completo. A imagem que costumo fazer é a de uma pessoa em um barco numa tempestade. A única coisa que ela pode fazer é tentar manter o barco orientado de modo a cortar as ondas da maneira mais adequada possível e agüentar a pancada das ondas. As ondas são as vivências do clima inibidor e do núcleo de carência e o barco é a pessoa. A tempestade pode ser comparada ao psiquismo, que nesta fase está vivendo uma situação de desorganização, com duas vivências paralelas, concomitantes e mutuamente exclusivas (vivência do hoje adulto e vivência do passado de bebê).

Depois de um certo tempo o mar acalma e entra num estado de calmaria. É mais ou menos o que acontece na vivência do clima inibidor e núcleo de carência. Estas vivências vêm em ondas, num momento o indivíduo está bem e no momento seguinte ele está vivendo uma situação sem saída, de desespero e morte para — no momento seguinte — estar novamente trabalhando em suas funções habituais.

A vivência da zona de PCI abre caminho para a integração do psiquismo caótico e indiferenciado que estava excluído da identidade. Esta integração acontece espontaneamente sem que se precise de nenhum procedimento terapêutico além da continência afetiva dada pelo terapeuta e o esclarecimento constante do que está acontecendo, para que o indivíduo consiga se localizar no meio do turbilhão de vivências internas que está acontecendo. Dentro da imagem, após a tempestade o barco emerge para um mar mais calmo, *mas ele está mudado*. No caso do indivíduo, após estas vivências de desespero, desamparo, morte, desencanto e "sem saída" ele se acalma e elas desaparecem da mesma forma que apareceram, isto é, de repente. Mas ele está e se sente diferente. Os relatos são de que ele se sente diferente, esquisito, mas o mais importante é a ausência da angústia patológica. O desaparecimento da angústia patológica é o sinal mais confiável de que houve uma integração da zona de PCI, isto é, houve uma catarse de integração. Foi integrada a Zona de PCI, que desde os dois anos de idade estava excluída da identidade.

A ausência da angústia patológica é muitas vezes sentida como estranheza, pois quem passou 20, 30 ou mais anos tendo a vivência de sensação basal de incompletude, insegurança e medo como companhia, sente como esquisito a ausência destas vivências. Junto com a angústia patológica desaparece também a sensação basal de incompletude, insegurança e medo. O indivíduo passa a se sentir inteiro, uno e sem o medo basal que sempre o acompanhava. De repente constata que não sente mais o medo de viver (somente o medo proporcional às situações externas).

Juntamente com estas situações ele passa a emitir comportamentos que sempre desejou e temeu com muita simplicidade e espontaneidade. O desbloqueio da espontaneidade faz com que o indivíduo emita estes comportamentos como se fossem muito habituais. Outra modificação que ocorre é uma mudança no corpo, pois as zonas de tensão crônicas que estavam bloqueadas na zona de PCI são subitamente desbloqueadas e ocorre uma mudança de postura do corpo e também na expressão facial: a pessoa fica mais bonita.

DEPRESSÃO

A depressão na fase dos vínculos compensatórios é uma vivência melancólica principalmente ligada aos climas inibidores e ao núcleo de carência. Junto com a vivência de melancolia existe uma vivência de desespero e de "sem saída". Normalmente a continência afetiva do terapeuta e o esclarecimento constante sobre estas duas vivências paralelas e concomitantes são suficientes para o cliente ultrapassar esta fase. Recomendo medicação ansiolítica ou hipnótica quando existe distúrbio de sono. A medicação antidepressiva está indicada quando existe uma apatia muito forte ou pensamentos e impulsos suicidas, que também ocorrem nesta fase.

TÉCNICAS

As técnicas mais utilizadas nesta fase são:

1 — *Inversão de papéis* — Principalmente com as figuras de mundo interno de pai, mãe e seus substitutos diretos, utilizados principalmente na compreensão de que eles não deram e não puderam dar os climas facilitadores desejados pela criança.

2 — *Cenas de descarga* — Utilizadas para que o cliente possa externalizar para as figuras parentais internalizadas todo o seu descontentamento, desilusão, raiva e frustração em relação ao que não teve.

3 — *Espelho que reflete* — Utilizado quando o cliente tenta estabelecer no contexto terapêutico um vínculo compensatório com o terapeuta. Vide descrição da técnica no capítulo sobre as divisões internas.

4 — *Psicodrama interno* — É uma das técnicas mais adequadas para a vivência, em nível das sensações, do clima inibidor e do núcleo de carência.

5 — *Sensibilização corporal* — Utilizada principalmente para identificar as sensações corporais e zonas de tensão ligadas ao clima inibidor e ao núcleo de carência.

Estas são as técnicas mais utilizadas nesta fase, aliadas à interpretação dos sonhos, que são muito comuns e extremamente elucidativos quando se mobiliza conteúdo cenestésico.

FASE DE ORGANIZAÇÃO DO PCI INTEGRALIZADO

A catarse de integração, como o nome já diz, integra a zona de PCI que estava excluída da identidade e tamponada pelo vínculo compensatório. Existe uma catarse de integração para cada zona de PCI. Portan-

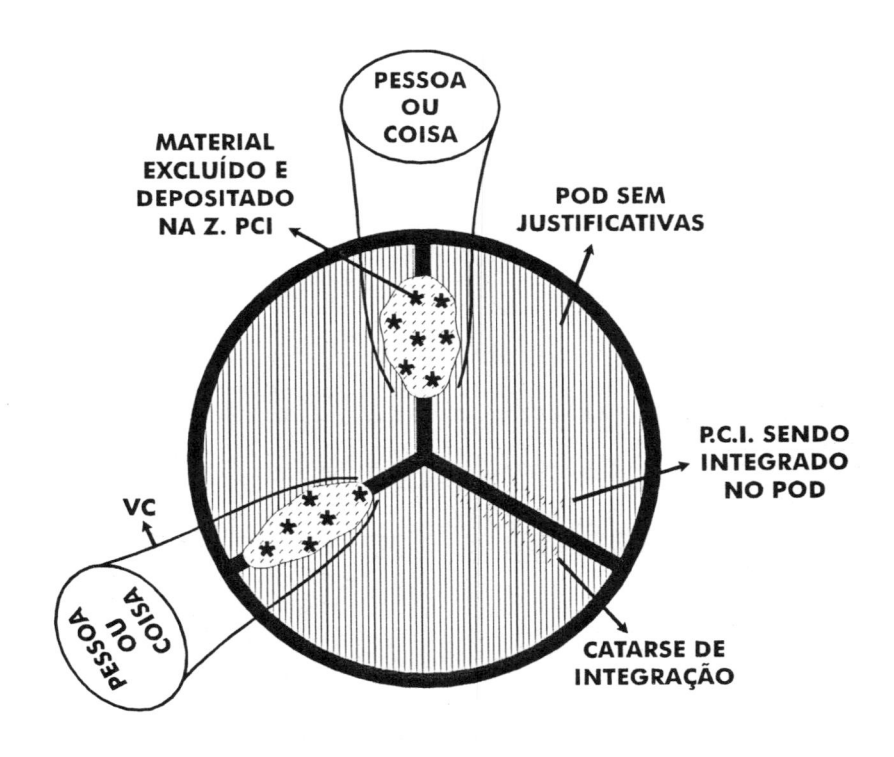

**CATARSE DE INTEGRAÇÃO E FASE DE ORGANIZAÇÃO
DO PCI INTEGRADO**

to, vamos ter catarses de integração ligadas às zonas de Ingeridor, Defecador e Urinador. Durante o processo de psicoterapia, o mais comum é que exista catarse de integração na zona de PCI mais comprometida e as outras acabam acontecendo em momentos posteriores e muitas vezes sem o auxílio da psicoterapia.

As modificações são as seguintes:

1 — Desaparecem, em relação ao modelo psicológico e às áreas ligadas à zona de PCI, as sensações de perda parcial de identidade, sensação basal de incompletude, insegurança e medo.

2 — Surge uma sensação de espontaneidade na utilização do modelo psicológico em questão.

3 — Desaparecem as contrações e zonas de desenergização musculares e de pele relacionadas à zona de PCI integrada. (Figura 14)

A integração da zona de PCI, ao mesmo tempo que traz uma sensação de muito bem-estar, traz também uma grande mudança na maneira de enfocar a vida. Não que a vida tenha mudado, mas o indivíduo mudou. Embora ele continue o mesmo em uma série de coisas, ele é outro no enfoque destas mesmas coisas. Comparo a um caleidoscópio, em que numa determinada posição enxergamos uma figura e quando giramos o caleidoscópio, os mesmos elementos (contas, grãos, pedrinhas, etc.) que formavam a figura anterior formam agora uma nova figura.

O indivíduo continua o mesmo e sua vida continua a mesma, mas o enfoque está diferente, como se fossem outro o indivíduo e outra a vida. Embora seja uma mudança para melhor, ele vai entrar em confronto com uma série de comportamentos já cristalizados pelo tempo e que agora passam a ser incompatíveis com esta nova postura em relação a si mesmo, aos outros e à própria vida. É uma fase em que o indivíduo se vê frente a modificações, às vezes de grande vulto no seu projeto de vida com a mobilização de angústia existencial. A catarse de integração encerra a modificação ao nível de mundo interno no tocante ao modelo e áreas em questão e abre caminho para as modificações no mundo externo para uma melhor integração entre as vontades e necessidades atuais e suas correspondentes gratificações externas.

CAPÍTULO V

ANÁLISE PSICODRAMÁTICA
PESQUISA INTRAPSÍQUICA

Chamo de pesquisa intrapsíquica a uma série de procedimentos psicoterapêuticos que devem ser tomados para que se consiga a integração da(s) zona(s) de psiquismo caótico e indiferenciado — PCI, resultantes dos bloqueios do desenvolvimentos psicológico. Resumi e sistematizei estes procedimentos em treze fases pelas quais passa o processo psicoterápico e que para cada cliente são mais ou são menos intensas. É claro que a maior parte dos clientes não chega até a catarse de integração e interrompem a psicoterapia em algum dos passos intermediários (vide Capítulo X de *Psicodrama — Teoria e Prática*). Gostaria de lembrar aos leitores que estou introduzindo várias alterações na pesquisa intrapsíquica citada neste livro e que não se encontram no livro anterior supracitado.

Fase 1 — ANGÚSTIA

A angústia é a porta de entrada do processo de psicoterapia e também da pesquisa intrapsíquica. Vou me referir a partir de agora somente à angústia patológica resultante da exclusão de material de mundo interno do cliente. Exclusão da zona de PCI da identidade e exclusão do material depositado na zona de PCI do conceito de identidade. A angústia circunstancial ligada às agressões objetivas do cotidiano e a angústia existencial ligada ao projeto de vida são ligadas ao mundo externo e não fazem parte da pesquisa intrapsíquica embora façam parte do processo da psicoterapia.

A angústia pode aparecer na sessão em sua forma mais simples e pura, que é a sensação de opressão e de aperto no peito. Muitas vezes aparece em forma de ansiedade ou de desespero. Aparece junto com as emoções tais como euforia, tristeza, culpa, arrependimento, etc. É comum a angústia aparecer ligada ao relato de uma situação já ocorrida. Pode aparecer ligada aos sintomas psicossomáticos tais como úlceras, retocolites, asmas, gastrites, pruridos, alopecias, etc. Pode estar presa pela contenção corporal, ligada às defesas intrapsíquicas ou disfarçada pelo cigarro (fumar na sessão). Estas são apenas algumas das formas em que a angústia aparece na sessão. O mais importante é o diagnóstico de como a angústia está em relação ao psiquismo do cliente:

1 — *Angústia mobilizada e internalizada* — é a configuração ótima para a psicoterapia. O cliente tem uma angústia presente e ele está sentindo essa angústia (mobilizada) e ao mesmo tempo ela está sendo suportada pela autocontinência do indivíduo (internalizada).

2 — *Angústia mobilizada e externalizada* — ocorre quando a autocontinência não está suportando a angústia e esta extravasa para o ambiente externo, freqüentemente pela fala ou por agitação motora. É necessário algum tipo de trabalho, freqüentemente corporal — do tipo relaxamento, descargas musculares, respiração, etc. — para que a angústia volte a ficar internalizada.

3 — *Angústia mobilizada e projetada* — ocorre quando o indivíduo consegue passar sua angústia para as outras pessoas, tal como nas divisões internas externalizadas, vínculos compensatórios e manipulações psicopáticas. A angústia pode estar projetada nas pessoas que convivem com o cliente ou então no próprio terapeuta. Como o foco da psicoterapia é a angústia, deve-se trabalhar onde ela está. Portanto, trabalha a angústia nas pessoas em que ela está projetada, entrevista psicodramática do cliente no papel das pessoas com a angústia, átomo social e familiar. No caso de ser a projeção no *setting* (terapeuta) utiliza-se a técnica do espelho que reflete.

4 — *Angústia mobilizada e contida* — ocorre quando, embora internalizada, a angústia é de difícil abordagem por estar muito contida. A contenção mais freqüente é por tensão corporal, contenção torácica (respiração), etc. A contenção da angústia também ocorre pelos vínculos compensatórios, alcoolismo, tabagismo, obesidade, drogadicção, etc. Quando a contenção é corporal, qualquer técnica que aborde o corpo pode permitir que o terapeuta entre em contato com a angústia do cliente. Quando a contenção é por vínculo compensatório é necessário abordar este vínculo, pelo menos na sessão. Proibição de vir alcoolizado, de fumar, de ficar comendo ou de vir drogado para a sessão.

5 — *Angústia mobilizada e defendida* — ocorre quando a angústia está presente, mas o material ligado a ela está tamponado pelas defesas intrapsíquicas. Neste caso o trabalho é o manejo das defesas intrapsíquicas e principalmente o espelho que retira.

6 — *Angústia não mobilizada e internalizada* — ocorre quando o cliente está com a angústia mas ela não é sentida como tal. O caso mais comum é o das doenças psicossomáticas, nas quais a angústia fica localizada no órgão afetado (estômago, intestino, pulmão, pele, etc.). Em vez de sentir angústia o paciente sente dor. Para a abordagem desta angústia é necessário um trabalho em que se procura vincular a dor do órgão com os fatores psicológicos. É um trabalho difícil, pois o cliente tende a achar que está piorando quando começa a sentir angústia (desvincula do órgão). A principal abordagem é pelas técnicas de sensibilização corporal.

7 — *Angústia não mobilizada e evitada* — ocorre quando o cliente não traz o material que produz angústia ao *setting* psicoterápico. O caso mais comum é o das defesas conscientes. Também ocorre no início da psicoterapia quando o cliente, por vergonha, falta de confiança, medo, censura, falta de intimidade, falta de continência por conta do terapeuta, etc., deixa de trazer determinados temas para o *setting*. No caso da defesa consciente, deve-se denunciar o fato para o cliente e discutir com ele os motivos (vide capítulo IX). Nos demais casos deve-se discutir o que impede que o material seja depositado — vergonha, a falta de confiança, etc.

A partir do momento em que temos a angústia mobilizada e internalizada, podemos trabalhar de duas formas. A primeira é providenciarmos a descarga da angústia, seja apenas pela continência oferecida pelo clima terapêutico seja por algum exercício de expressão. Desta forma conseguimos um alívio interno para o cliente. A segunda forma é a de iniciarmos um processo de identificar os focos geradores da angústia ligados à esfera intrapsíquica. Normalmente o cliente sente a angústia mas não tem noção dos conflitos intrapsíquicos que a geram. Chamo esta angústia de *angústia flutuante*. Na medida em que conseguimos clarear e vincular a angústia a determinados conflitos existe uma diminuição do sofrimento, pois embora a angústia continue o cliente "já sabe o que está ligado a ela", aumentando assim o poder de autocontinência. Chamo esta angústia *de angústia ancorada*.

O foco imediato gerador da angústia é uma situação de vida não resolvida.

Num exemplo hipotético podemos ter Sandra, 30 anos, que chega à sessão, muito angustiada e magoada com o chefe, que promoveu sua colega Alice e não ela para um cargo maior na empresa. Sandra não se conforma com esta situação.

Podemos dar continência para que Sandra desabafe sua revolta, e mágoa por ter sido preterida e caminhar para a situação imediatamente ligada à angústia.

Fase 2 — *SITUAÇÃO DE VIDA NÃO RESOLVIDA*

É a situação de vida imediatamente ligada à angústia. Pode ser uma situação de vida objetiva que o cliente não consegue resolver, como a relação de Sandra com seu chefe. Como situações subjetivas como "Estou angustiado porque acho que minha namorada está distante de mim", ou pensamentos que o cliente não consegue prever, como "O que é que vou falar para meu pai quando mostrar o balanço da firma?", etc. A situação de vida não resolvida é um impasse a que o cliente chega em numa situação em que ele não consegue uma solução satisfatória dentro de seu conceito de identidade.

A não resolução vem sempre acompanhada de uma justificativa que tenta explicar por que a situação não é resolvida. Óbvio que se a explicação fosse a explicação correta a situação seria resolvida. *A justificativa abranda uma contradição no conceito de identidade, onde a verdadeira explicação está no material excluído e depositado na zona de PCI.*

O manejo psicoterápico consiste na montagem e no jogo da Cena I. Chamo de Cena I a cena imediatamente ligada à situação causadora da angústia (vide capítulo VI).

No jogo da cena I o cliente vai jogar o papel do emissor, do receptor e do observador. Esta Cena I pode caminhar para a avaliação do universo relacional, onde o cliente pode se ver melhor, ao jogar o seu próprio papel, ver melhor o outro ao jogar o papel do outro e ver melhor a relação entre ele e o outro, ao jogar o papel de observador.

Durante o jogo da Cena I, vai aparecer um momento de titubeio. O titubeio é uma manifestação corporal que evidencia algum tipo de impedimento interno, que é o responsável imediato para que a situação se torne "não resolvida". O titubeio aparece, por exemplo, como um aperto na garganta, um crispar de mãos, uma tontura, um amortecimento, um travar de maxilares, um cruzar de braços, etc. *O titubeio é uma primeira manifestação de que existe algum tipo de impedimento no mundo interno do cliente.*

No exemplo hipotético, a Cena I de Sandra é uma cena entre Sandra e o Chefe. Ao jogar seu próprio papel Sandra faz as queixas de estar sendo injustiçada, de que ela era melhor funcionária, que a Alice é mais irresponsável, etc. No papel de Chefe, Sandra começa a se dar conta de que o Chefe tem dela uma visão diferente da que ela mesma tem, e que ele necessita para o cargo de alguém mais do perfil da Alice do que do dela. No papel de observadora começa a se perceber queixosa e vê o chefe como distante afetivamente dela. Neste momento crispa as mãos e trava o maxilar (titubeio). "Estou com muita raiva dele mas não posso falar, nem expressar esta raiva." Neste momento Sandra está em conflito.

Fase 3 — *CONCRETIZAÇÃO DO CONFLITO*

A etapa da concretização do conflito marca a passagem do mundo externo para o mundo interno do cliente. Passa do universo relacional para o universo relacional internalizado e, portanto, para o intrapsíquico. Concretizar o conflito consiste em colocar um ego-auxiliar para produzir o mais próximo possível a sensação do titubeio. Exemplo: o ego põe a mão na garganta do cliente para reproduzir o aperto, ou segura o queixo para reproduzir o travamento do maxilar, ou balança a cabeça do cliente para reproduzir uma tontura, etc. O conflito é uma situação de forças opostas dentro do psiquismo do cliente. Uma das forças é consciente e claramente verbalizada, ligada a uma vontade, a um desejo, a um impulso, sentimento, pensamento, a uma percepção ligada a uma intenção consciente, mas, a verdadeira intenção ou a verdadeira motivação está ligada ao material excluído e depositado na zona de PCI. A outra força é a força que predomina e aparece como sensação corporal, pouco verbalizada, e está ligada à cadeia superegóica, às figuras de mundo interno e ao conceito de identidade. É material de POD e é um impedimento de mundo interno. A cena-chave desta etapa é a cena de concretização de conflito que chamo de Cena II (Capítulo VI). O objetivo da dramatização é a caracterização do conflito e a tentativa de clareamento das motivações envolvidas, tanto em nível do conteúdo (vontades, sentimentos, pensamentos e percepções) envolvido como do impedimento instalado. O jogo da cena II, vai caminhar para uma oposição interna claramente instalada que chamamos de divisão interna.

No nosso exemplo, Sandra está na sala do Chefe e o ego-auxiliar segura suas mãos e aperta o queixo, tentando reconstruir a sensação de impedimento surgida no titubeio. O discurso de Sandra é de muita raiva e vontade de agredir física e verbalmente o chefe. O ego-auxiliar impede ambas as agressões. No jogo da cena, Sandra (no papel de impedimento), acaba verbalizando a sensação "não adianta, ele é assim mesmo", "você deve ter paciência", "ele sabe que você é melhor". No momento em que o cliente, no papel do impedimento consegue verbalizar a sensação caímos na cena das divisões internas.

Fase 4 — *DIVISÃO INTERNA*

É um dos pontos mais importantes da psicoterapia e onde encontramos claramente instalado um confronto entre o cliente e ele mesmo, em nível de mundo interno e portanto na esfera intrapsíquica. A fase das divisões internas está caracterizada por uma força identificada como *conteúdo* e uma força identificada como *impedimento*. O conteúdo está ligado ao verdadeiro Eu do cliente, cujas motivações mais profundas estão no material excluído e depositado na zona de PCI. Já o impedimento está ligado ao conceito de identidade vigente ligado a normatizações culturais, religiosas, morais, filosóficas e de modelos da primeira infância que fazem parte da cadeia superegóica. A força do impedimento é dominante e impede a descarga do conteúdo. A cena-chave desta etapa é a cena das divisões internas, que chamo de Cena III e deve ser jogada tanto no sentido horizontal como no vertical (vide capítulo VI). O jogo da Cena III procura sempre estimular e ampliar o confronto entre impedimento e conteúdo pesquisando toda a argumentação e justificativas de cada um destes lados. É jogada entre o cliente e o ego-auxiliar, de modo que o cliente assuma alternadamente os papéis do Cliente (conteúdo), do Cliente (impedimento) e do Cliente (observador). A fase das divisões internas marca o início de mudanças estruturais, pois inicia um questionamento frontal do conceito de identidade vigente. O conteúdo ligado ao "como é" e ao Eu real do cliente questiona o impedimento ligado ao "como deve ser" e ao conceito de identidade vigente. Este questionamento vai produzir sensações importantes e a mais importante delas está ligada ao questionamento de "verdades até então inquestionáveis", o que vai modificando o clima internalizado (censura), para um clima internalizado de maior aceitação, proteção e continência do cliente para com ele mesmo no tocante aos seus sentimentos, pensamentos e percepções excluídos. O jogo da Cena III faz com que o cliente vivencie um pouco o clima de loucura já que — como costumo dizer — uma pessoa discutindo consigo mesma, em voz alta, em público, e ainda por cima não conseguindo entrar em acordo consigo mesma é o protótipo do "louco". Esta vivência vai fazendo com que a pessoa comece a perder o medo de suas vivências loucas. A evidenciação da divisão interna abre caminho para todas as outras divisões internas que existem dentro de psiquismo deste cliente.

Em nosso exemplo, Sandra (no papel de conteúdo) argumenta "não é justo, eu sempre fui leal a ele e ele não podia fazer isto comigo", "estou com muita raiva, tenho vontade de arranhar o rosto dele", "quero dizer que ele me enganou dizendo que gostava de mim, então por que preferiu ela?", ao que a própria Sandra (no papel de impedimento) contra-argumenta "mas ele gosta de você, ele deve ter tido os seus motivos", "se você o agredir aí ele não vai gostar mais de você", "você sempre foi tão ajuizada, vai perder toda a sua razão desta forma", "tenha calma, ele vai ver que você é melhor que a Alice", etc. O jogo desta cena vai encaminhar para a identificação das figuras de mundo interno.

Caracterização das divisões internas — é a ampliação da fase 4 e uma tentativa de caracterizar ao máximo todas as divisões internas que acontecem dentro do psiquismo do cliente. Quanto mais divisões internas forem abordadas mais material excluído vai sendo mobilizado para uma posterior integração no conceito de identidade e mais a cadeia superegóica vai sendo evidenciada. As cenas-chave são sempre do tipo da Cena III.

— Identificação das figuras de mundo interno

Uma vez caracterizada a divisão interna, passamos a iniciar um processo de identificação do impedimento com a figura do mundo interno à qual ele está ligado. *Figura de mundo interno é a pessoa que representa, dentro do mundo interno do cliente um conjunto de conceitos de postura, moral, religioso, filosófico, e modelos de comportamento internalizados.* Deste modo, o pai, como figura de mundo interno, não é o pai, mas sim o pai como representante de determinados conceitos internalizados, assim como o padre Chico, não é a pessoa do padre Chico e sim ele como representante de uma série de conceitos religiosos, etc. Ao identificarmos o impedimento com a figura de mundo interno que o representa começamos a andar em direção às origens dos impedimentos e a evidenciar a cadeia superegóica que foi sendo incorporada pelo cliente sem o seu consentimento e numa fase em que o seu senso crítico não podia avaliar claramente se eram ou não de seu interesse estes valores morais. Foi incorporada uma escala de valores sem que o cliente tivesse a opção de não incorporá-la se não fosse de seu interesse. A identificação das figuras de mundo interno evidencia os conceitos morais que fizeram com que os conteúdos (sentimentos, pensamentos e percepções) do cliente fossem, em alguma época, excluídos e depositados na zona de PCI.

O trabalho psicoterápico nesta fase se faz com a Cena III, mas no lugar do impedimento temos agora a figura de mundo interno (FMI). Logo, temos um confronto entre *figura de mundo interno (FMI) x conteúdo.* No jogo da cena o cliente vai jogar o papel da FMI (pai, avó, mãe, tios, professores, religiosos, etc.), que vai ser confrontado com o cliente no papel de conteúdo. Temos portanto um confronto entre *o cliente como ele é (conteúdo) com a figura de mundo interno que diz como ele deveria ser.* Nesta fase estamos trabalhando na esfera intrapsíquica e no aqui e agora, mas começando a entrar em contato com uma dimensão nova de tempo que é a *revivescência do tempo passado.*

Em nosso exemplo, Sandra identifica o impedimento com a fala da mãe. Sandra (no papel de mãe) argumenta "O que é isto?! Você sempre foi uma boa menina, que idéia é esta de agredir seu chefe?", "ele deve estar fazendo isto de promover a Alice porque ela é muito problemática", "faça o seu trabalho direito que ele vai ver como você é melhor", etc.

O jogo desta cena abre caminho para as situações de vida não resolvidas com as figuras de mundo interno.

Fase 5 — *SITUAÇÃO DE VIDA NÃO RESOLVIDA COM AS FIGURAS*

Continua sendo uma cena de divisão interna com a diferença que não estamos mais trabalhando um confronto entre Eu x Eu mas sim um confronto entre Eu x FMI incorporada, onde o Eu está identificado com os conteúdos internos do indivíduo que estão depositados na zona de PCI e a FMI incorporada está identificada com o impedimento que está depositado no POD. É uma fase que embora seja trabalhada no tempo presente é *uma revivescência do tempo passado*. Nas cenas de revivescência do tempo passado o cliente entra no clima emocional da época em que se deram os acontecimentos enfocados, tanto que as lembranças são dos personagens como eles eram na época — mãe, pai, parentes etc. são recordados com a aparência bem mais jovem, os locais são os da época e cheiros, roupas, detalhes, móveis, etc., são da época. O aquecimento é muito grande e é como se o cliente estivesse sendo transportado para outra dimensão temporal.

Nesta fase, vamos jogar muitas cenas de situações não resolvidas com as FMI, pois a cada cena que vai sendo jogada, vão se estabelecendo recordações de outras e assim por diante, até que se concentra numa determinada figura representativa da conceituação moral em questão.

Em nosso exemplo, Sandra recorda uma série de situações em que gostaria de expressar sentimentos de revolta, desagrado, raiva, reclamações, etc. e em que foi impedida disso por personagens da época, sejam eles pai, mãe, avós, professores, religiosos ou outros representantes superegóicos em diversas idades. Cada cena deve ser jogada em todos os papéis (emissor, receptor e observador) até que se chegue a uma cena representativa de todas elas e com figuras-chave no desenvolvimento de Sandra, geralmente pai, mãe e seus substitutos. No exemplo, Sandra relembra uma situação com 12 anos de idade, em que no Natal acabou por receber um presente bem inferior ao do irmão que tem 10 anos, se sente muito revoltada com o pai e é contida pela mãe. Sandra diz na cena "Não é justo, meu irmão vive desobedecendo, não passou de ano, nunca faz suas tarefas e papai da um presente destes para ele!", "E eu, que sempre fui obediente, passei de ano, ajudo em casa, ele me compra isto", e outras considerações do mesmo teor, ao que a mãe (Sandra no papel de mãe) retruca "Não fique assim, seu pai gosta mais de você, ele fez isto para ver se seu irmão toma mais juízo", "você é mais adulta e sabe que gostar não se mede pelo presente e seu irmão não sabe, para ele o presente é mais importante", e outras considerações no sentido de desculpar o pai e o irmão e impedir a revolta de Sandra. Neste momento estamos com uma situação de vida não resolvida com a FMI, no tempo passado e no mundo interno, semelhante à situação de vida não resolvida, de tempo presente e no mundo externo, que Sandra não consegue com freqüência resolver (Sandra-Chefe-Alice). Nesta cena Sandra começa a entrar em contato com o material depositado na zona de PCI, e que questiona o seu conceito de identidade. Sandra começa a se dar conta que não é ela a preferida do pai e sim o irmão, que a mãe protege o irmão e o pai e não a ela, que a mãe mente ao dizer que ela é a preferida (material excluído ligado a percepção — área ambiente). Percebe que o conceito de que ela é a preferida está condicionado a ser responsável, ajudar na casa e não dar trabalho para os pais (material excluído ligado às explicações — área mente). Começa a sentir uma grande mágoa, em vez da raiva, por ter sido enganada e usada pelos pais além de inveja pelo fato de o irmão conseguir as coisas de maneira muito mais fácil (material excluído ligado aos sentimentos — área corpo). O fato de o cliente entrar em contato com o material excluído é fundamental para resgatar este material e modificar o conceito de identidade vigente para um mais adequado aos seus reais sentimentos, pensamentos e percepções. O "entrar em contato" não é suficiente para resgatar o material, existe uma necessidade, que o cliente, no seu papel de adulto possa decidir aceitar o material excluído como sendo o seu Eu e rejeitar o conceito de identidade, dado pelas figuras de mundo interno.

Fase 6 — ENFRENTAMENTO DAS FIGURAS DE MUNDO INTERNO

É a fase em que se resgata o material excluído (conteúdo) que estava depositado na zona de PCI e incorpora este material no POD consciente, ao mesmo tempo em que se rejeita o impedimento superegóico representado pela figura de mundo interno. O jogo desta cena vai obedecer ao jogo da cena IV, que é também uma espécie de cena de descarga. Nesta cena tanto FMI como o cliente estão em mundo interno e em revivescência do tempo passado. A interação entre o cliente e a FMI no tempo passado são experiências já vividas pelo cliente ao passo que o enfrentamento da FMI é uma experiência nunca vivida. *O enfrentamento da FMI é feito pelo cliente no papel de observador, no tempo presente e é uma experiência nunca vivida.* Temos nesta cena, a FMI (tempo passado) o cliente na idade da época (tempo passado) e o cliente no papel de observador (tempo presente), desta forma é como se abríssemos uma cortina no tempo e permitíssemos que o cliente, hoje adulto, possa interferir no seu próprio passado. É fundamental que o cliente, na cena IV, e no papel de observador, possa questionar e enfrentar a FMI e possa apresentar uma postura de tolerância e proteção para consigo mesmo, isto é, para com a criança que ele foi no passado e que na época não tinha condições de enfrentar a FMI. *O cliente enfrenta a figura de mundo interno e protege a criança que ele foi.* É uma cena de grande conteúdo emocional e o efeito terapêutico desta fase é a mudança do conceito de identidade. A FMI, incorporada no POD, funcionava como um conceito de identidade superegóico e o material excluído, agora resgatado, vai fazer parte do verdadeiro conceito de identidade e o mecanismo de contenção passa a ser egóico e não mais superegóico. Junto com a mudança do conceito de identidade, muda-se o clima internalizado que passa e ser um clima de menos autocensura e de maior aceitação em relação a si mesmo. O cliente passa a se aceitar melhor como ele é e não como ele deveria ser. Esta seqüência que vai desde a situação de vida não resolvida (fase 1), que é de mundo externo e tempo presente até o enfrentamento da figura de mundo interno (fase 7), em mundo interno e revivescência de tempo passado, vai se repetir muitas vezes até que se esgote o material excluído depositado nas zonas de PCI. Nesta fase se concretizam mudanças estruturais bastante significativas no psiquismo do cliente, com uma acentuada diminuição da sensação de perda parcial de identidade, sensações basais de incompletude, insegurança e medo. Embora haja uma diminuição destas sensações, elas não desaparecem, nem desaparece a angústia patológica. Isto vai ocorrer somente quando houver a catarse de integração. No exemplo hipotético temos Sandra com 12 anos, sua mãe (da época), seu pai (da época) e seu irmão com 10 anos. Sandra, no papel de observador (adulta e no tempo presente) fala para a mãe, o pai, o irmão de 10 anos e para si própria com 12 anos. Sandra para a mãe: "Você é uma fingida, você me usou, você sabia o tempo todo que meu irmão era o preferido e ficou me enganando para que eu ficasse boazinha e te ajudasse nas tarefas de casa. Você fingia que era minha amiga e na verdade era muito egoísta, isto sim. Com todos estes elogios você me atrapalhou muito e me fez acreditar numa falsa realidade da vida. Tenho muita raiva do que você fez comigo". Sandra para o pai: "Você também me enganou, só que diferente da mamãe, pois você na verdade nunca falou que eu era sua preferida, você preferiu se omitir e deixar que a mãe tomasse a sua defesa. Mas você é um grande machista, que nunca pôde ver o meu valor porque estava obcecado pelo seu filho homem, fico triste em constatar isto, mas não sinto raiva de você, só decepção".

Sandra para o irmão: "Você não teve culpa desta confusão do pai e da mãe, você percebeu muito antes de mim como eram as coisas lá em casa. Tenho até um pouco de inveja quando vejo que as coisas foram muito mais fáceis para você do que para mim". Sandra para a Sandra de 12 anos: "Tenho pena de você, mas acho que você não tinha condições de entender o que estava ocorrendo pois estava muito carente e precisando ser aceita a qualquer custo. Acho que temos que ser mais realistas e aceitar que nem todo mundo gosta da gente e eu vou te ajudar a ser mais dura e a defender melhor os nossos interesses".

Desta maneira Sandra enfrenta as FMI, protege e aceita a criança que ela foi e muda seu conceito de identidade, em relação a si mesma e em relação à mãe, ao pai, ao irmão e aos valores morais passados pela mãe.

Fase 7 — *IDENTIFICAÇÃO DAS DEPENDÊNCIAS E DAS DELEGADAS*

Com a recuperação do material excluído, que estava depositado na zona de PCI, a própria zona de PCI começa a ficar mais exposta. Como a zona de PCI está tamponada pelo vínculo compensatório e este é um vínculo de dependência em relação às pessoas ou coisas (bebida, comida, cigarro, etc.) o que vai se tornando evidente não é a zona de PCI, mas o vínculo compensatório com suas relações de dependência.

Embora os vínculos compensatórios e as correspondentes funções delegadas sejam identificáveis desde o início do processo psicoterápico, é a partir da fase do enfrentamento das FMI que o cliente realmente começa a se incomodar com o fato de estar dependente. Uma vez que a identidade está enriquecida e mais autêntica, o cliente se sente mais seguro de suas potencialidades e começa a se incomodar com as dependências. Elas começam a ficar muito discrepantes, pois, ao mesmo tempo em que o cliente se acha cada vez mais apto para realizar uma série de coisas antes de difícil realização, ele se surpreende amedrontado diante de situações aparentemente simples tais como o ''se cuidar'', ''se auto-proteger ''e ''se auto-orientar''. Nesta fase, cabe ao terapeuta pesquisar e ajudar o cliente a identificar quais são as *funções delegadas e em que pessoas ou em quais coisas elas estão depositadas*. É um trabalho de mundo externo e de tempo presente e o cliente se sente curioso e mobilizado em relação ao tema. É muito interessante a utilização nesta fase do espelho que reflete, pois obriga o cliente a entrar em contato com a sensação de que é ele que tem de resolver suas próprias questões delegadas. São cenas que provocam uma sensação de ''estar só'', de angústia e desespero frente à possibilidade de poder contar somente consigo mesmo.

Fase 8 — DECIDIR E ASSUMIR A FUNÇÃO DELEGADA

A decisão de assumir a responsabilidade pela função delegada é uma decisão pessoal e intransferível do cliente consigo mesmo, é um trabalho de mundo interno, tempo presente e nunca vivido. *Essa decisão significa a perda da ilusão de que alguém ou alguma coisa possa se responsabilizar por suprir algo que faltou na fase de 0 a 2 anos e que a única pessoa que realmente pode e deve assumir a responsabilidade desta função é o próprio indivíduo.*

A perda da ilusão acarreta uma sensação de injustiça e de revolta tanto com as pessoas do passado como do presente que não assumiram estas funções. É a conscientização de que na verdade *não se foi cuidado ou não foi protegido ou não foi orientado*, numa época em que isto era vital para o desenvolvimento psicológico. Estas funções deveriam ter sido supridas pela mãe, pelo pai e seus substitutos. Esta consciência traz à tona uma grande revolta contra os pais e uma grande pena de si mesmo. Esta revolta dura até o momento em que o cliente se dá conta de que não teve e não terá quem se responsabilize por estas funções. Nesta etapa a revolta some e inicia-se um processo de grande decepção tanto em relação aos pais como em relação à própria vida. É uma sensação de ''E agora? O que é que eu faço?'', sendo que a pergunta acaba ficando sem a resposta, pois não vai existir ninguém que possa dar esta resposta a não ser o próprio indivíduo e ele não está preparado para isto. Tanto a etapa da revolta como a da decepção são vividas em nível de mundo interno, tempo passado e nunca vivido. Tecnicamente, esta fase deve ser trabalhada com inversões de papel com as figuras de mundo interno de pai, mãe e seus substitutos, para poder ver e posteriormente aceitar estes pais como eles foram e não como eles deveriam ter sido. É também fundamental a continência terapêutica, já que o cliente se sente muito só, não apenas em relação ao seu mundo social e familiar, pois não vai conseguir entender a importância do que está acontecendo, como também — e principalmente — pela perda da ilusão em relação às funções delegadas. O terapeuta que nunca rompeu seus vínculos simbióticos não consegue ser continente nesta fase nem nas subseqüentes, o que impede o andamento da psicoterapia.

Fase 9 — *VIVÊNCIA DOS AFETOS CONTIDOS NA ZONA DE PCI*

O assumir a função delegada desmonta o vínculo simbiótico e a zona de PCI, que estava tamponada por ele começa a emergir dentro do psiquismo do cliente. A vivência dos afetos contidos na zona de PCI é a fase mais dolorida e delicada da psicoterapia. São afetos que estavam cristalizados na zona de PCI e tamponados pelo vínculo compensatório que começa o processo de desmonte quando o cliente assume a função delegada. Como já disse, na zona de PCI estão registrados o clima inibidor e a sensação de falta (núcleo de carência) que *passam a serem vividos como foram sentidos pelo cliente enquanto ele era bebê (0 a 2 anos)*. O bebê sente os climas inibidores como ameaça vital pois não tem recursos nem psicológicos nem físicos para se defender, restando apenas agüentar, suportar as sensações para ver se sobrevive. Estas vivências vêm à tona sempre que emerge a zona de PCI e são sentidas como desespero, ameaça de morte, sensação de sem saída, impotência e desamparo intensos. É uma vivência de loucura pois, ao mesmo tempo em que o cliente está vivenciando sensações que ele teve quando bebê e na intensidade em que ele vivenciou estas mesmas sensações ele continua a levar uma vida normal, com as sensações e sentimentos do seu cotidiano tais como a vida profissional, familiar e social de maneira bastante aceitável. *O cliente vive sensações mutuamente exclusivas ao mesmo tempo, sendo uma de tempo presente e outra de tempo passado que estava cristalizada. Mas ambas são vividas no aqui e agora.* A vivência do clima inibidor e a do núcleo de carência aparecem em ondas. O cliente está bem, e de repente é invadido por sensações de desespero, ''sem saída'', sensação de desamparo e impotência, sensações de tristeza profunda, melancolia e desânimo para num momento seguinte desaparecerem da mesma forma brusca que apareceram e voltarem a aparecer em outro momento. É comum nesta fase o cliente acalentar idéias suicidas e desejo de morte, pois aparecem como únicas alternativas para a sensação do ''sem saída''. A vivência do núcleo de carência é um grande vazio. É uma sensação de vazio tão intensa que é como se não existisse mais nada no mundo capaz de preenchê-lo. É como se a vida perdesse todo o seu colorido e se tornasse cinza, que não houvesse mais interesse em mais nada e até mesmo filhos perdem o sentido nesta fase. O cliente está totalmente imerso em revivescências do tempo passado, mundo interno e sensação de nunca vivido. Embora o cliente já tenha vivido estas sensações como bebê a revivescência causa uma sensação de nunca ter experimentado nada semelhante. A postura terapêutica consiste em dar continência ao cliente e clarear a situação de modo que ele possa ir discriminando quais são as sensações de revivescência de tempo passado e quais são as sensações de tempo presente. Além do clareamento é importante sedar a angústia com algum tipo de tranqüilizante e somente utilizar antidepressivos em casos extremos, pois o antidepressivo impede a vivência destes climas e o *terapêutico nesta fase é vivenciar o clima inibidor e o núcleo de carência*. Os sonhos são muito ricos e significativos e ajudam a entender melhor o que deve ter acontecido com esta criança no início de sua formação psicológica e da relação mais profunda que teve com pais e seus substitutos. Alivia muito para o cliente se sentir compreendido pelo terapeuta, pois uma das sensações que o cliente sente nesta fase é a de que nunca vai conseguir passar estas sensações para ninguém, aumentando assim o seu grau de solidão. A única garantia que podemos dar para nossos clientes nesta fase é a de que o importante é conseguir vivenciar e suportar estes climas inibidores e a sensação de desamparo, que eles têm um tempo limitado de duração e depois passam. Já referi que costumo dar como imagem um barco em mar tempestuoso. Não adianta tentar dirigir o barco e nem tentar sair da tempestade. O que se deve fazer é apontar a proa para as ondas, segurar firme o timão, agüentar as pancadas das ondas e esperar que o tempo se acalme. A vivência do clima inibidor e do núcleo de carência preparam o psiquismo e precedem a catarse de integração, que é a integração da zona de PCI no psiquismo organizado e diferenciado (POD).

Fase 10 — CATARSE DE INTEGRAÇÃO

É a integração da zona de PCI dentro do POD. Comparado à imagem anterior é quando o mar se acalma e o barco volta a navegar normalmente. Tão repentinas e intensas como vieram as vivências do clima inibidor e do núcleo de carência são as vivências da catarse de integração. Comparado com o exemplo do barco, é quando a tempestade se acalma e o barco volta a navegar normalmente e o passageiro tem a grata surpresa de ter sobrevivido. São sensações de intenso bem-estar, mas de uma certa estranheza. A estranheza está relacionada à mudança que ocorreu na identidade do indivíduo. *O cliente deixa de sentir a angústia patológica e juntamente com isto deixa de sentir a sensação basal de incompletude, de insegurança e de medo.* Estas sensações e a angústia patológica, faziam parte do dia-a-dia do cliente há 20, 30 ou mais anos e sua ausência causa estranheza. A ausência da sensação basal de medo causa surpresa, assim como uma série de comportamentos, sentimentos, pensamentos e percepções que passam a serem vividos e emitidos de maneira espontânea, o que anteriormente ou não era vivido e emitido ou o era com grande esforço e de maneira não espontânea. É uma sensação de perplexidade boa e de grande leveza.

Ocorrem mudanças corporais pois as zonas de tensão crônicas registradas na zona de PCI se dissolvem e acontecem modificações nas expressões do rosto e do corpo. Gorduras localizadas tendem a desaparecer, mesmo sem regimes e a impressão que se tem é que a pessoa ficou mais bonita. A função terapêutica é a de continência, compreensão e elaboração referente aos fenômenos corporais e psicológicos que estão ocorrendo. É uma sensação de integração, de que o cliente está uno, não está mais dividido, além de não mais sentir angústia patológica nem sensação basal de medo. O processo da catarse de integração é um processo de mundo interno e tempo presente e a vivência é a do nunca vivido.

Fase 11 — *ORGANIZAÇÃO E DIFERENCIAÇÃO DO PSIQUISMO INTEGRADO*

É uma fase que vai ocorrer com ou sem o processo de psicoterapia. Uma vez integrado, o psiquismo caótico e indiferenciado passa a ser transformado em psiquismo organizado e diferenciado. Gradativamente o cliente vai se acostumando com o seu novo jeito de ser, com seus novos comportamentos. Estas modificações tendem a produzir modificações nas pessoas que o cercam tanto no âmbito familiar como no profissional e no social. É necessário um reajuste tanto do cliente como das pessoas que o cercam frente a estes novos comportamentos. Costumo comparar esta fase como se o cliente e seu mundo familiar e social fossem conjuntos de engrenagens que se desgastaram e foram se adaptando com o tempo, de modo que embora tenham engrenagens gastas ou até quebradas, houve adaptações que permitiram que o conjunto funcionasse. A catarse de integração funciona como se nesse conjunto se substituíssem engrenagens velhas por engrenagens novas. O resultado é que se rompem as velhas adaptações e o conjunto tende a se desestruturar para depois acontecer uma nova estruturação. Na nova estruturação o conjunto já não é mais o mesmo, embora muitas engrenagens possam ter sido aproveitadas. É uma fase que pode ser muito angustiante, pois, dependendo do grau de modificações de mundo externo, mesmo que sejam para melhor, o cliente acaba por envolver uma série de pessoas e de interesses ligados afetivamente, profissionalmente e socialmente com este cliente. Se o grau de modificação não foi muito intenso, a necessidade é de pequenos reajustes e mobiliza angústia do tipo circunstancial. Se a modificação foi maior implica modificações no projeto de vida e vai mobilizar angústia do tipo existencial. Ambas as angústias são ligadas ao mundo externo e como tal devem ser trabalhadas no processo da psicoterapia. O que notamos nestas situações é que o cliente não mais apresenta angústia patológica nem dinâmicas de mundo interno, ele está uno, seu psiquismo está integrado e por mais que as modificações criem angústia ele se encontra seguro de suas vontades e encontra em si mesmo energia para seus novos projetos. O cliente não tem mais dúvidas do que ele quer ou do que precisa. Esta sensação de certeza cria condições de mobilização de forças internas de que o cliente não se julgava possuidor.

Nesta fase o trabalho terapêutico é ajudar o cliente a ajustar sua escala de valores e o seu conceito de identidade em relação a estas novas verdades que surgem em seu mundo interno. Costumo dizer que é uma mudança de comando que ocorre dentro do psiquismo do cliente. Em vez de o comando ser pelo racional (como deveria ser) o comando passa para o emocional (como eu quero que seja), e o bom senso é que vai adaptar o cliente a este novo estado de coisas. Quando deparamos com angústias circunstanciais vamos ajudar o cliente a mobilizar seus recursos internos e externos para enfrentar a situação que o agride. Vale aqui toda a experiência do terapeuta, tanto como técnico e também como pessoa. É o momento em que o terapeuta está liberado para orientar, informar, esclarecer e debater quais as melhores opções para cada caso. No aspecto relacional a inversão de papéis é muito importante para que o cliente consiga ter maior clareza das pessoas que o cercam e que estão, por tabela, envolvidas nas suas mudanças.

Quando a angústia é do tipo existencial todo trabalho terapêutico consiste em auxiliar o cliente a reorganizar seu projeto de vida. A sensação básica da perda do projeto de vida e que caracteriza a angústia existencial é uma sensação de "perder o chão", "perder o pé", "perder o rumo", "se sentir perdido". Pois, o roteiro que vem sendo utilizado desde a adolescência, que é quando se organiza o projeto de vida sob comando do próprio indivíduo, já não serve mais. A reorganização do projeto de vida começa pela análise dos princípios e valores que vão nortear o novo. Além disto, é importante o levantamento das necessidades básicas e fundamentais deste cliente de modo a restabelecer — mesmo que provisoriamente — um projeto de vida. Esta infra-estrutura muitas vezes está ligada a moradia, alimentação, organização financeira, retomada de amigos, contato com filhos, etc.

Junto com as dificuldades ligadas às modificações do presente o cliente sente, nesta fase, necessidade de reelaborar internamente uma série de comportamentos e acontecimentos antigos. É como olhar o que já foi vivido para poder, com novos olhos, reavaliar e compreender melhor o que ocorreu em sua vida até então. Após toda esta elaboração e reorganização de vida é o momento de o cliente decidir parar o processo de psicoterapia. Se esta seqüência da pesquisa intrapsíquica foi toda desenvolvida, o terapeuta está em condições de dar alta a este cliente. Para as outras formas de parada, consultar o capítulo X de *Psicodrama — Teoria e Prática*. (Gráfico 1)

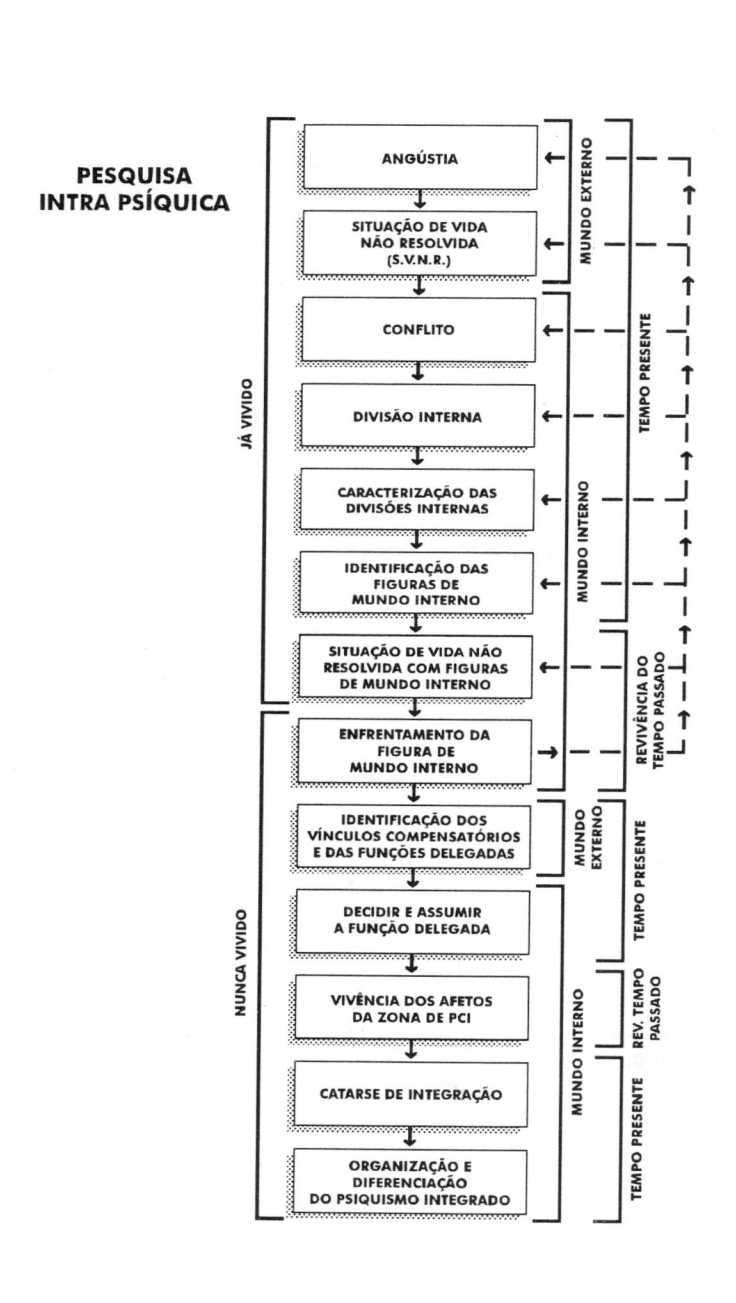

PESQUISA INTRA PSÍQUICA

CAPÍTULO VI

DINÂMICA E MONTAGEM DE CENAS

A dramatização é o ponto alto do psicodrama e sua caracterização técnica mais importante. Podemos dizer que a dramatização está para o psicodrama assim como a interpretação está para a psicanálise. A dramatização pode ter — e tem — diversas funções no psicodrama, mas a mais importante é sem dúvida a de ser o instrumento que permite a entrada no mundo interno intrapsíquico do cliente, de maneira simples e direta. Nós, psicodramatistas, não necessitamos como os psicanalistas, desenvolver cargas transferenciais (neurose transferencial) para atingirmos o intrapsíquico do cliente. Podemos simplesmente colocar o cliente em contato com seu mundo interno, no contexto psicodramático e por meio das dramatizações. O cliente entra em contato direto com suas figuras de mundo interno e contracena com elas. Desta forma conseguimos canalizar as cargas afetivas, que pela psicanálise viriam para o terapeuta de forma transferencial, para quem de direito, isto é, as próprias figuras de mundo interno.

As cenas psicodramáticas têm basicamente três funções :

1 — *Cenas de aquecimento*

São cenas propostas para mobilizar a angústia ou mesmo o material a ser trabalhado para um posterior aprofundamento. São utilizadas no início da pesquisa intrapsíquica ou quando, por alguma razão, o cliente está com dificuldade de se envolver com o próprio drama. É o caso que acontece quando a angústia não está mobilizada ou então não está internalizada ou ainda quando a angústia está projetada em outras pessoas. O exemplo melhor é a Cena I, as cenas de descarga, as cenas de entrevista dos personagens, os jogos dramáticos e o teatro espontâneo.

2 — *Cenas de pesquisa*

São cenas em que o interesse principal não é o aquecimento nem o *insight* psicodramático, mas sim o de ter uma visão mais abrangente da dinâmica interna, social ou familiar deste cliente. As cenas de pesquisa muitas vezes servem para aquecimento e vice-versa. As duas cenas mais representativas são as do Átomo Familiar e do Átomo Social.

3 — Cenas psicodinâmicas

São as cenas que estão atreladas à psicodinâmica do cliente e podemos dizer que são as cenas que realmente tratam. Podem ser do mundo externo e tratam do universo relacional e de mundo interno e tratam do universo relacional incorporado e do universo relacional incorporado e projetado. São cenas que colocam o cliente em contato com o outro, em contato consigo mesmo e em contato com as figuras de mundo interno. Permitem reviver o passado de forma diferente, e vivenciar no contexto dramático o nunca vivido. São as cenas que promovem o *insight* psicodramático (entrada em contato com o material excluído e depositado na zona de PCI) e promovem a catarse de integração (integração da zona de PCI que estava excluída e tamponada pelos vínculos compensatórios). Os melhores exemplos são as Cena II (Cena de concretização do conflito), Cena III (Cena das divisões internas) e Cena IV (Cena de enfrentamento das FMI).

A — MONTAGEM DA CENA

O primeiro passo para a montagem de uma cena psicodramática é estabelecer o *contexto psicodramático*. O contexto psicodramático é o sucedâneo do palco de teatro e *é a delimitação de um território onde espaço, tempo, fantasia e realidade ganham uma dimensão diferente. É o contexto do "como se" e não do "como é".* O contexto do "como se" abre uma dimensão abrangente onde o mundo interno, com suas emoções, fantasias, atemporalidade e não cronologia, magias e alterações espaciais pode e deve ser exteriorizado e vivenciado. No meu ponto de vista uma das maiores expressões da genialidade de Moreno foi a introdução do contexto do "como se" como instrumento terapêutico.

Na prática podemos utilizar para a delimitação do contexto do "como se " um palco ou um tablado como Moreno utilizava, um tapete ou um círculo marcado no chão. O importante é que se delimite o contexto fisicamente, pois, com o aquecimento o cliente muitas vezes tem dificuldade em separar, somente no seu mundo interno o "como se" do "como é".

Uma vez delimitado o contexto psicodramático o ponto seguinte é o *enquadre da cena*. O enquadre da cena, além de servir como o substrato onde a cena vai se desenvolver serve como primeiro aquecimento. *Aquecimento é o grau de comprometimento afetivo do cliente com a situação que está sendo dramatizada, seja ela de mundo externo ou de mundo interno.* O enquadre da cena consiste basicamente em localizar onde, quando, com quem e como ocorreu a situação a ser dramatizada. Uma vez delimitados espaço e tempo passamos a mapear os personagens envolvidos na situação a ser dramatizada. Nem sempre espaço-tempo-personagens estão claramente localizados na mente do cliente, principalmente quando se trata de cenas muito antigas, cenas de sonhos, cenas de sensação, de realidade suplementar, de estados de consciência alterados (embriaguez, sonolência, alto comprometimento emocional, etc.). Nestes casos é melhor convencionar um espaço, um tempo e até mesmo um ou mais personagens dentro e de conformidade com o histórico da cena. O importante para o enquadre é que existam um tempo, um espaço (local) e um ou mais personagens. Com o desenvolver da cena o tempo passa a ser o tempo interno do cliente, o espaço acaba por ser o ''aqui e agora'' e os personagens vão se modificando até se transformarem nas figuras de mundo interno do cliente. A concretização inicial destes elementos (espaço-tempo-personagens) é importante para o início da dramatização e pouco importante para o seu posterior desdobramento.

Faz parte do enquadre da cena a *caracterização do cliente e dos personagens na situação a ser vivida ou revivida na cena*. Esta caracterização se consegue pedindo ao cliente que tome o papel dos personagens e também o seu próprio papel na situação em questão. Nestes papéis e no seu próprio o cliente deve ser brevemente entrevistado pelo terapeuta. Esta entrevista tem como objetivo recolher um material inicial para o diretor dar começo à dramatização, dar algum modelo dos personagens envolvidos para o ego-auxiliar e criar um aquecimento e um clima de dramatização. Deve-se tomar cuidado para que a entrevista não se prolongue de modo a poder desviar o foco da cena e também de desaquecer ao invés de aquecer o cliente.

Uma vez terminado o enquadre a cena está pronta para ser jogada.

B — JOGO DA CENA

Jogar a cena implica o cliente assumir o seu próprio papel e o papel do personagens envolvidos e contracenar com o ego-auxiliar seguindo a orientação do diretor.

São três as posições numa cena de psicodrama:

1 — Cliente no seu próprio papel

O valor terapêutico de o cliente jogar o seu próprio papel é o de que ele pode reviver as situações num campo mais relaxado, que é o campo terapêutico. Fica livre das convenções sociais e pode chorar, gritar, manifestar sentimentos e ter atitudes que no âmbito social seriam inadequadas. Neste campo mais relaxado pode-se perceber melhor e até entrar mais em contato com o que realmente sentiu, pensou, percebeu e teve vontade de fazer na situação em questão, o que favorece os *insights* psicodramáticos. Pode ainda ser auxiliado pelo diretor, com solilóquios, duplos e maximizações, etc.

2 — Cliente no papel do personagem

A importância teórica deste papel seria a possibilidade de ocorrer uma real inversão de papel. Isto é, que o cliente no papel do outro pudesse sentir, pensar e perceber tal qual o outro se sente, pensa e percebe. Caso isto ocorra a cena se esgota, pois haveria uma compreensão télica da situação. Isto só ocorre raramente e para tal precisamos que o cliente já esteja num grau adiantado de saúde psicológica. O que ocorre na grande maioria das vezes é que o cliente *toma o papel de personagem*. A tomada de papel está mais próxima da imitação do comportamento do outro do que de uma grande compreensão das variáveis que determinam o seu comportamento. O valor terapêutico de tomar o papel de personagem é que no campo mais relaxado da psicoterapia o cliente pode avaliar — mesmo que parcialmente — os sentimentos, forma de pensar, pressões profissionais, sociais, conceitos morais etc. do outro. Pode avaliar ainda como ele agiria ou sentiria estando na posição do outro. Desta forma auxilia na compreensão das motivações que regem o comportamento do outro, além de aumentar o autoconhecimento através do "como eu agiria e me sentiria nesta situação?". Abre caminho para as futuras inversões de papéis.

3 — Cliente no papel de observador

É a posição mais importante de uma dramatização, visto permitir que o cliente possa — numa situação mais relaxada — observar a interação entre ele e o personagem. Nesta cena é fundamental que o ego-auxiliar que está fazendo o papel do cliente e do personagem utilize todo o material levantado até o momento para o cliente poder ter uma idéia a mais abrangente possível da relação cliente x personagem. O papel de observador é o ponto privilegiado de uma cena, já que — além de ser a posição mais desaquecida — permite uma boa avaliação do outro, de si mesmo e da relação estabelecida. É nesta posição que ocorre a maioria do *insights* psicodramáticos. A passagem do cliente pelas três posições do jogo de cena várias vezes esgota o potencial da cena em questão. Durante estas passagens vão ocorrer titubeios que permitem o encaminhamento para uma cena de mundo interno, ou então para outras cenas, sejam elas de mundo interno ou externo.

C — DINÂMICA DAS CENAS

Chamo de dinâmica de cena a direção que se deve dar a cada cena e todos os procedimentos psicoterápicos envolvidos. A direção que se deve dar a uma cena está descrita na seqüência da pesquisa intrapsíquica e está sempre baseada no desenvolvimento psicológico e na psicopatologia. Os procedimentos psicoterápicos são principalmente as técnicas psicodramáticas que o terapeuta vai utilizar para conseguir penetrar no mundo interno do cliente e trabalhar esse mundo interno. Embora a dinâmica das cenas dependa em parte da produção conjunta do protagonista e do diretor e também da criatividade e espontaneidade de ambos, é possível definirmos alguns procedimentos básicos para alguns tipos de cena, que chamo de *cenas-chave*. Para tanto é fundamental podermos diagnosticar o tipo de cena que está sendo jogado. As mais importantes cenas-chave, no meu ponto de vista são:

a — Cena I

É a cena que tem ligação imediata com a angústia em questão e é sempre uma *situação de vida não resolvida*. No jogar os três papéis (emissor, receptor e observador) vai sendo definido o universo psicoterápico que vamos trabalhar. Tomando como exemplo a situação hipotética de Sandra com o Chefe poderíamos observar o seguinte:

A angústia de Sandra está ligada a uma falta de compreensão dos procedimentos hierárquicos, das pressões envolvidas e dos critérios de promoção, além de não ter percebido certas características de personalidade do próprio chefe e da Alice. Isto caracteriza apenas uma dificuldade relacional de Sandra, resultante do seu pouco amadurecimento e alguma rigidez moral. O simples jogo da cena I é suficiente para que ela melhore sua percepção a respeito de si mesma e dos outros (Chefe e Alice). Estamos trabalhando no universo relacional e a angústia de Sandra é uma angústia do tipo circunstancial.

Se a angústia de Sandra é uma angústia patológica em que Sandra delega para o Chefe funções de cuidado, proteção ou orientação ligadas aos seus próprios núcleos de carência (proposta de vinculação simbiótica) o trabalho tem de ser feito em nível de mundo interno e vamos trabalhar no universo relacional internalizado e projetado.

Se a angústia de Sandra é uma angústia patológica e seu desespero e revolta com o Chefe resultam de conflitos não resolvidos com suas figuras de mundo interno, o trabalho tem de ser feito na esfera do intrapsíquico (mundo interno) e vamos trabalhar no universo relacional internalizado.

Tanto na abordagem do universo relacional internalizado como no internalizado e projetado, a Cena I é insuficiente. Nestes casos o terapeuta deve estar atento aos titubeios do cliente para poder entrar na esfera do intrapsíquico.

b — Cena II — Concretização do Conflito

O conflito sempre aparece como uma manifestação corporal ou como uma sensação, tal como, sudorese, crispar de mãos, sensação de aperto na garganta, esboço de algum gesto, sensação de tontura, e dezenas de outros. O ponto em comum é que todos estes sinais indicam algum tipo de manifestação do cliente que iria acontecer mas não aconteceu devido a algum tipo de bloqueio consciente ou não. Uma vez detectado este titubeio (ia manifestar mas não manifestou), passamos para a concretização do conflito, que nada mais é que montar uma cena em que existe *algo para ser manifestado e um impedimento.* O algo para ser manifestado está ligado a sentimentos, intenções, ações, pensamentos e percepções que vão mobilizar material excluído depositado nas zonas de PCI e portanto ligado ao verdadeiro Eu do cliente, embora nesta fase de conflito não tenhamos ainda condições de avaliar qual é o material depositado pois nem o próprio cliente sabe. O impedimento aparece como uma manifestação corporal e está ligado a um mecanismo de contenção superegóico registrado no POD e ligado às figuras de mundo interno.

Na montagem da cena o ego-auxiliar, com a colaboração do cliente vai tentar reproduzir a manifestação corporal no corpo do cliente. Colocar a mão na garganta do cliente para reproduzir a sensação de aperto, balançar a cabeça do cliente para reproduzir a sensação de tontura, segurar o queixo do cliente e o maxilar para reproduzir um trincar de dentes, etc. No jogo da cena o cliente vai assumir o seu papel, vai assumir o papel do impedimento, e vai assumir o de observador, com o ego contracenando com outro ego ou com uma almofada. O objetivo da cena é a verbalização da força-impedimento para um melhor conhecimento sobre ela.

A cena de concretização de conflito é uma cena de mundo interno e portanto da esfera intrapsíquica e de tempo presente, além de trazer à tona sensações já vividas.

c — Cena III — Cena da divisão interna

Chamo de cena da divisão interna quando conseguimos configurar dentro do mundo interno do cliente duas forças em oposição, ambas já identificadas e passíveis de verbalização. É uma seqüência da Cena II. Uma vez identificadas estas forças vão estar sempre ligadas a um conteúdo e a um impedimento ambos localizados no mundo interno do cliente.

O conteúdo está ligado às vontades e desejos do cliente que estão ligados ao material excluído e depositado na zona de PCI.

O impedimento está ligado ao conceito de identidade em vigência e relacionado com as figuras de mundo interno registradas no POD.

No jogo da cena o cliente vai contracenar com o ego-auxiliar e vai assumir os papéis ligados ao conteúdo, ao impedimento e de observador entre esta interação conteúdo-impedimento, sendo que tanto conteúdo como impedimento são ele (cliente) mesmo. As cenas de divisão interna vão abranger as fases da pesquisa intrapsíquica da divisão interna, caracterização da divisão interna e identificação da FMI, quando então são cenas de mundo interno, tempo presente e já vivido. Vão abranger todas as cenas de situação de vida não resolvida com a FMI, quando então são cenas de mundo interno, revivescência do tempo passado e já vivido. As cenas de divisão interna podem e devem ser jogadas tanto de forma horizontal como vertical.

d — Cena de enfrentamento da figura de mundo interno

É uma cena em que fica totalmente caracterizado o confronto entre o conteúdo, representado pelos sentimentos, percepções e pensamentos com que o cliente em alguma época entrou em contato mas que foram excluídos do conceito de identidade vigente por questioná-lo de forma frontal e acabaram por ser depositados na zona de PCI. E de outro lado o impedimento, representado pelas figuras de mundo interno, que ficaram incorporadas como valores morais no conceito de identidade vigente e permaneceram registrados no POD.

O jogo da cena acontece na medida em que o cliente, contracenando com o ego-auxiliar, consegue tomar o papel da figura de mundo interno, numa determinada época, o seu próprio papel nesta mesma época, onde não tinha condições psíquicas e/ou físicas de enfrentar a conceituação moral e de comportamento, e o papel de cliente hoje, adulto e com condições psíquicas e físicas para enfrentar a FMI.

O enfrentamento consiste no cliente — no papel de observador — rejeitar a figura de mundo interno e acatar e proteger a criança que ele foi.

Com isto ele retira do seu POD a FMI superegóica e introduz o material que estava excluído, que agora passa a fazer parte do POD consciente. Desta forma houve uma mudança no conceito de identidade.

A cena de enfrentamento das FMI, é uma cena mista onde a FMI e o cliente da época estão em mundo interno, tempo passado e já vivido e em que o cliente no papel de observador está em mundo interno, tempo presente e nunca vivido.

D — CENAS HORIZONTAIS E CENAS VERTICAIS

Tanto as cenas horizontais como a cenas verticais têm a sua importância e indicação dentro do psicodrama.

Na formação dos psicodramatistas brasileiros houve grandes controvérsias a este respeito, ligadas a aspectos pessoais dos psicodramatistas. Passados estes momentos com um certo alívio podemos verificar que é possível trabalhar com ambas as cenas e que isto só enriquece o psicodrama.

1 — Cenas horizontais

Uma vez chegado às cenas da divisão interna, com seus conteúdos e impedimentos *o trabalho horizontal vai privilegiar a descarga do conteúdo e com isto tentar a integração direta deste conteúdo ao conceito de identidade, sem se preocupar em pesquisar as Figuras de Mundo Interno que funcionavam como impedimento*. Na cena horizontal a descarga do conteúdo vai depender do nível de aquecimento do cliente e da parte sadia que está preservada. Quanto maior o aquecimento e quanto maior a parte sadia preservada mais fácil de se conseguir a descarga do conteúdo. O aquecimento vai depender muito da habilidade do diretor e da sensibilidade do ego-auxiliar, além do bom manejo das técnicas de *maximização, interpolação de resistência, realidade suplementar e duplo*. A cena horizontal fica bastante facilitada na medida em que conseguimos diagnosticar o modelo psicológico que está sendo trabalhado, pois ele não só nos informa o conteúdo a ser descarregado como a forma que ele descarrega:

a — *Modelo de Ingeridor* — A tensão interna resulta de um conteúdo de mundo externo que não tem permissão interna para ser incorporado nem permissão para que o cliente possa sentir satisfação com esta incorporação. A descarga acontece quando se consegue romper com o impedimento e incorporar e se sentir satisfeito com este conteúdo. A tensão interna desaparece.

b — *Modelo de Defecador* — A tensão interna resulta de um impedimento de criar, elaborar, expressar e comunicar determinados conteúdos de mundo interno para o mundo externo. A descarga acontece quando conseguimos no contexto dramático que o cliente logre vencer o impedimento superegóico e crie, elabore, expresse e comunique estes conteúdos internos, sejam eles, pensamentos, percepções ou sentimentos. A tensão interna desaparece.

c — *Modelo de Urinador* — A tensão interna resulta do impedimento de pensar a respeito de determinadas coisas e também executar determinadas ações. O impedimento pode se localizar na censura de planejar, fantasiar ou devanear sobre determinados temas ou pode consistir em impedir a ação e execução de determinados desejos no mundo externo, ou impedir a ambos, seja o pensamento como a execução. A descarga acontece quando o cliente pode, no contexto dramático vencer o impedimento e entrar em contato com suas fantasias, devaneios e planejamentos, assim como suas execuções simbólicas. A tensão interna desaparece.

A descarga dos conteúdos no contexto dramático elimina a tensão interna da cena e abre caminho, para que o cliente — auxiliado pelo bom senso e pela adequação — possa começar estas descargas na própria vida.

2 — *Cenas verticais*

A partir da cena das divisões internas, o *trabalho com cenas verticais vai privilegiar a identificação, reconhecimento e origem dos impedimentos, sem se importar muito com os conteúdos.* No trabalho com os impedimentos vamos trabalhar principalmente pesquisando o conceito de identidade vigente, com suas figuras de mundo interno e valores morais. Não é um trabalho que necessite um grande aquecimento, nem o diagnóstico dos modelos envolvidos mas necessita um conhecimento profundo da psicodinâmica e da psicopatologia do cliente. Este trabalho permite um conhecimento bem ampliado do POD e da escala de valores morais do indivíduo, de suas matrizes de identidade e social. As cenas verticais vão sempre terminar em cenas horizontais, que são as cenas de enfrentamento das FMI. Com o trabalho vertical o POD fica bem mais clareado e a integração do material excluído depositado na zona de PCI se faz de maneira muito suave, às vezes pelo próprio cliente, sem ajuda do terapeuta.

A utilização de cenas verticais ou horizontais vai depender do cliente que está sendo trabalhado, dos recursos disponíveis pelo terapeuta, do grau de aquecimento, da presença ou ausência de egos-auxiliares, etc. Cenas com alto grau de aquecimento e presença de ego-auxiliar permitem um trabalho mais horizontal, ao passo que cenas com pouco aquecimento e ausência de ego-auxiliar predispõem mais para um trabalho vertical.

CAPÍTULO VII

TRIANGULAÇÃO E CIÚME

A triangulação é o processo de entrada do terceiro elemento nas relações até então diádicas da criança.
Até mais ou menos os três anos de vida a criança estabelece principalmente relações do tipo diádicas (em corredor), onde se relaciona cada vez com uma pessoa tendo muita dificuldade de estabelecer uma relação com duas ou mais pessoas ao mesmo tempo. Ela se relaciona com a mãe, ou com o pai, ou com o irmão, ou com a tia da escola, etc. Mas dificilmente ela se relaciona com a mãe e o pai ao mesmo tempo, ou com a mãe e a tia da escola ao mesmo tempo, etc. A triangulação inicia o processo de se relacionar com mais pessoas ao mesmo tempo e assim poder se relacionar em grupo e não apenas estar no grupo. Este processo vai auxiliar o processo de sociabilização onde a capacidade de se relacionar com várias pessoas ao mesmo tempo é muito importante.

O processo de triangulação ocorre mais ou menos entre 3 e 5 anos dependendo de inúmeros fatores. A não entrada do terceiro elemento ou uma entrada incompleta vai ocasionar transtornos futuros tanto em nível de sociabilidade como e principalmente nos relacionamentos amorosos gerando o que chamamos de ciúme patológico. Dentro da psicanálise Freud descreveu esta fase como a fase do complexo de Édipo e de Eletra. Tenho uma visão um pouco diferente da descrita por Freud.

A relação diádica é o modelo da relação Mãe — Filho/a e é uma relação onde se tem a sensação de que existe uma aceitação e um amor incondicional, além da sensação de que é uma relação de auto-suficiência, em que a relação se basta por si própria. É uma relação que dá muita segurança afetiva mas que, por outro lado, impede a procura do novo e tende a se tornar asfixiante ao não permitir a entrada de novos elementos.

A relação mais importante que a criança tem nos seus primeiros três anos de vida é com a mãe ou com sua substituta. É uma relação diádica onde existe uma sensação de amor incondicional entre esta mãe e este filho ou filha. Ao redor de três anos começa a haver uma necessidade tanto da mãe como do filho/a de ampliar esta relação tanto por necessidades internas de crescimento para a criança e para poder voltar aos seus relacionamentos normais (marido, trabalho, amigas, social, etc.) por parte da mãe. Ao mesmo tempo em que existe a vontade e a necessidade de romper a relação diádica e permitir a entrada de novos elementos, existe um medo tanto da criança como da mãe de que isto aconteça. Por parte da criança o medo é de algo desconhecido até então, que é uma relação parcial com a mãe. É o dividir a atenção e o amor da mãe com outra pessoa adulta. A sensação é de perder o amor incondicional. Por parte da mãe, não é um medo do desconhecido, mas o medo da perda da posse e do controle que tem sobre o amor desta criança. É também o medo da perda do amor incondicional.

Sabemos, é claro, que o amor entre mãe-filho/a está longe de ser incondicional e apresenta na verdade uma série de condições, mas também sabemos que nenhuma relação chega a possibilitar o nível de intimidade que acontece entre mãe e filho tanto durante a gestação como nos primeiros meses de vida. É uma intimidade de sensações, onde a mãe "sabe" o que o filho sente e este também "sabe" o que a mãe está sentindo.

Neste sentido podemos entender a segurança afetiva que existe nesta relação diádica entre a mãe e o filho ou filha, e podemos entender a relutância que ocorre frente à entrada de um terceiro elemento nesta relação. Ao mesmo tempo esta entrada é desejada por ambos, mãe e criança.

A entrada do terceiro elemento na relação diádica mãe/filho ou filha vai ocasionar uma perda e um ganho. A perda se refere à sensação de perda do amor incondicional e o ganho possibilita a abertura para a relação com as outras pessoas sem o afastamento total da criança em relação à mãe e da mãe em relação à criança.

Entendo como *terceiro elemento uma pessoa adulta que tem uma vinculação afetiva tanto com a mãe como com a criança e que normalmente, mas não necessariamente, é o pai.*

A partir deste ponto vou passar a chamar o terceiro elemento de pai, mas quero frisar que o terceiro elemento pode ser outro adulto, homem ou mulher, que tenha uma forte vinculação afetiva, tanto com a mãe como com a criança.

Portanto, a entrada do pai (terceiro elemento) na relação diádica entre mãe e filho/a vai depender de fatores dos três elementos e, na medida em que não exista uma aliança entre os dois adultos envolvidos, esta relação não se desmonta e também se não existe algum tipo de enfrentamento com esta criança, também não é possível o desmonte da relação diádica. Tentei sistematizar as várias combinações que impedem uma boa entrada do terceiro elemento.

ENTRADA DO TERCEIRO ELEMENTO NA RELAÇÃO DIÁDICA

Do que foi exposto até agora, sabemos que:

a — A posição tanto da mãe como da criança na relação diádica é ambivalente quanto à entrada do terceiro elemento.

b — O terceiro elemento é um adulto que tenha um vínculo afetivo tanto com a mãe quanto com a criança e *precisa querer entrar na relação diádica.*

c — O terceiro elemento vai, necessariamente, enfrentar uma reação da criança no sentido de impedir a sua entrada na díade.

d — A criança vai ter, necessariamente, de ser frustrada para a entrada do terceiro elemento.

e — A entrada do terceiro elemento só é possível se tiver uma aliança explicitada com a mãe, e esta vai necessariamente ter que participar da frustração da criança.

f — O menino e a menina têm formas diferentes de proteger a relação diádica e dificultar a entrada do terceiro elemento, sendo que a forma do menino é enfrentar o terceiro elemento e a forma da menina é seduzir o terceiro elemento.

Dentro destas seis premissas vamos ter a seguinte configuração de uma entrada normal do terceiro elemento:

1 — *Relação diádica mãe — filho*

O filho enfrenta o pai de maneira agressiva e hostil impedindo verbal e fisicamente que este se aproxime ou fique a sós com a mãe em sua presença, embora possa estar muito bem com o pai na ausência da mãe (relação diádica com o pai). Isto mostra, tanto no menino como na menina, que não se está protegendo a relação com a mãe e sim uma relação especial de amor incondicional com uma pessoa que é a mãe ou sua substituta.

O pai agüenta o ataque do filho de maneira firme mas carinhosa. Permite um confronto de forças de maneira proporcional, mas não desiste da entrada na relação nem utiliza sua autoridade de pai para inibir a luta do filho.

A mãe faz um papel de mediador, ao mesmo tempo que apóia o pai na sua entrada na relação de maneira clara e não ambígua, mas não de forma ostensiva, protege e acolhe o filho sem contudo impedir que este se frustre. A mãe não deve enfrentar o filho e obrigá-lo, com a autoridade de mãe, que aceite o pai: quem tem de conseguir o espaço é o próprio pai, com o apoio explícito da mãe.

2 — Relação diádica mãe — filha

A filha enfrenta o pai de forma sedutora, aparentemente formando com ele uma relação diádica e pondo aparentemente a mãe para fora de relação entre ela e o pai. Desta forma impede que o pai entre na relação diádica entre ela e a mãe, que é a relação que ela deseja verdadeiramente proteger. Um observador menos atento pode achar que a relação diádica é com o pai e o terceiro elemento é a mãe. Se observarmos melhor, vamos ver que a relação diádica que ela forma com o pai é tanto mais intensa quanto mais presente está a mãe. Na ausência da mãe este interesse se esvazia imediatamente para voltar com toda a intensidade quando a mãe está de novo presente. Em outras palavras, ela seduz o pai para que este não fique perto da mãe. Na ausência da mãe o comportamento com o pai é de uma relação diádica normal.

A mãe não deve aceitar esta aparente exclusão e tentar, firme a carinhosamente, permanecer na relação mãe-filha-pai, deixando claro que quer permanecer na relação triangular e que também deseja a relação com o pai.

O pai deve, ao mesmo tempo que aceita e acolhe a sedução da filha, apoiar e deixar claro de forma explícita e não ambígua tanto para a filha como para a mãe, que também deseja a presença da mãe na relação, mesmo frustrando parcialmente a filha.

A entrada do terceiro elemento traz um alívio tanto para a mãe como para a criança. O tumulto é só durante o período da entrada. A forma descrita até agora diz respeito a uma entrada do terceiro elemento de forma normal e saudável e pressupõe uma aliança afetiva entre pai e mãe, sem a qual dificilmente se consegue uma boa resolução para a fase da triangulação. É uma situação que pai e mãe que não tenham um bom relacionamento acabam por usar para um boicotar o outro e vice-versa, fazendo uso da reação normal da criança de rejeitar ora um ora o outro. Na medida em que não se faz de forma harmônica a entrada do terceiro elemento vamos ter uma relação de triangulação incompleta com suas conseqüências para as relações amorosas futuras desta criança e também para sua posterior sociabilização, a além de marcar esta criança com mágoas, hostilidade ou medo em relação a pai, mãe ou ambos.

As entradas de terceiro elemento que acontecem de forma indesejável são inúmeras e as mais freqüentes vou citar aqui:

1 — A mãe não deseja a entrada do pai na relação diádica

Ao não fazer aliança com o pai este enfrenta a criança sozinho e desde o início já esta derrotado. No caso do filho, a mãe permite e insufla de maneira implícita ou explícita que o filho enfrente o pai. O pai, ao sentir que não encontra apoio na mãe, tende a abandonar a luta e não tenta entrar na relação diádica, se omitindo. Pode também ficar enraivecido e descarregar sua hostilidade contra o filho magoando-o ou até inibindo sua capacidade de luta (castrando-o). O filho acaba sendo usado pela mãe, que o transforma num "braço armado" seu, fazendo com que ele acabe por assumir uma briga que é entre ela e o marido e não entre ele e o pai, sendo que marido e pai são a mesma pessoa em papéis diferentes. O filho acaba sendo o bode expiatório da frustração do pai e recebendo uma carga de agressividade e hostilidade que seria dirigida para sua mulher, que também é a própria mãe em outro papel.

No caso da filha, a mãe não se empenha em entrar na relação filha-pai e finge que está sendo rejeitada tanto pela filha como pelo pai. Não se empenha em enfrentar a filha e nem aceita o chamado do pai. Desta forma, aparentemente a mãe está sendo rejeitada pelo pai e pela filha, mas na verdade ela está rejeitando o pai e usando a filha como barreira entre ele (pai) e ela (mãe). O pai, ao se sentir rejeitado pela mulher (mãe), ou se omite e foge da filha ou acaba assumindo a filha de uma forma diádica num papel que não é só de filha mas de substituta da esposa.

A filha acaba sentindo-se culpada pela exclusão da mãe, e ao mesmo tempo acaba por se sentir na obrigação de "fazer companhia para o pai", sem se dar conta de que esta função é da mãe e não dela.

Nestes casos a relação diádica entre mãe/filho/a não se desmonta ou tem um desmonte apenas parcial. Os filhos ficam envolvidos na disputa entre os pais e ficam sempre com a sensação de que foram eles os responsáveis pelo afastamento entre pai e mãe.

2 — O pai não deseja entrar na relação diádica

Quando o pai por qualquer motivo não deseja entrar na relação diádica, ele não aceita a aliança com a mãe e portanto não insiste em romper a resistência habitual que existe na entrada do terceiro elemento, tanto da criança como da mãe. No caso do filho, este pai ao ser confrontado se retira mesmo que exista um chamado explicito da mãe. Ele "finge" que está sendo expulso pelo filho da relação e se retira no papel de vítima, quando na verdade ele é que não quer se empenhar para entrar. Desta forma ele frustra tanto a mãe quanto o filho. A mãe não consegue sair da relação diádica sem a insistência do pai e ela fica, pois, presa nela e acaba escolhendo o filho como companhia masculina ao invés do marido e o filho fica com uma sensação de onipotência pois "venceu o pai", mas ao mesmo tempo com a sensação de falta de limites e de um companheiro masculino. Fica muitas vezes se sentindo culpado na ilusão de ter afastado o pai da mãe. No caso da filha, o pai aceita a sedução da filha e forma uma aliança com ela para colocar a mãe de fora. Com isto, não facilita e muitas vezes impede de maneira implícita ou explícita a entrada da mãe na relação pai-filha, ficando a filha no papel de substituta da mãe na companhia feminina do pai. Fica também com uma sensação de culpa pela ilusão de que foi ela que afastou o pai e a mãe, sem se dar conta de que o pai apenas a usou para abandonar ou hostilizar a sua mulher, que é a própria mãe em outro papel.

3 — Pai e mãe não conseguem frustrar a criança

Neste caso tanto a mãe quer que o pai entre na relação diádica, como o pai quer entrar na relação diádica, mas ambos não conseguem, por inúmeros motivos, assumir o "papel do ruim" que vai frustrar a criança. No caso de filho, na medida em que este começa a reagir à entrada do pai, tanto o pai recua para não frustrar o filho, como a mãe pede ao pai, de maneira implícita ou explícita, que recue também para não ser a "ruim" frente ao filho. No caso da menina, a mesma coisa acontece, nem a mãe insistindo na entrada na relação pai-filha, nem o pai insistindo para que ela insista. Desta maneira pai e mãe formam uma aliança paralela e passam a viver a relação pai-mãe/marido-mulher, escondidos e na ausência da criança. Desta forma filho e filha ficam na verdade excluídos da relação entre os pais. Não podem participar da relação dos pais pois ou ficam com um ou com o outro. Tanto filho como filha ficam com uma sensação de onipotência, pois a ilusão é de que comandam a relação entre os pais, quando na verdade não participam da relação com os pais. É uma relação que causa um distanciamento afetivo dos pais com os filhos, desde que os pais não se mostram como verdadeiramente são.

Estas três configurações que estou descrevendo, da não entrada do terceiro elemento, são as mais comuns, mas não esgotam em absoluto as configurações possíveis. A conseqüência da não entrada do terceiro elemento é a criação de uma falsa noção de realidade para os filhos entre o mundo infantil e o mundo adulto. Os filhos ficam também carregados de sentimentos contraditórios em relação aos pais, tais como pena, raiva, hostilidade, proteção, desamparo, medo, arrogância, intimidação, desprezo, exaltação, admiração, culpa, etc.

Esta fase, que normalmente vai dos 3 aos 5 anos é fundamental, pois vai formar a base do conceito de identidade, o filho e a filha começam a ter uma noção de identidade nesta confrontação com os pais. Quanto mais falsa foi a relação de triangulação e quanto mais "usada" foi esta criança, mais falso é o conceito de identidade que ela vai formar tanto em relação a si mesma como o conceito que vai ter dos pais e em relação a como é a relação entre as pessoas. Este conceito de identidade, uma vez cristalizado, e registrado no POD, passa a ser um ponto de referência do desenvolvimento do psiquismo e as vivências que não se encaixam neste modelo ou vão sendo justificadas, para poderem permanecer no POD consciente ou vão ser excluídas e depositadas na zona de PCI, transformando-se num POD subconsciente. Esta fase é no meu entender o que Lowen (bioenergética) denomina de caráter rígido. Na medida em que vai se estruturando cada vez mais um conceito de identidade, vamos tendo também cada vez mais material excluído que vai sendo depositado na zona de PCI e conseqüentemente a criança começa a necessitar de mecanismos de salvaguarda para impedir que este material venha à tona, por qualquer motivo e que a faça questionar de maneira frontal o seu conceito de identidade vigente. É nesta fase que começam a se estruturar as defesas intrapsíquicas (conversões, fobias, atuações, depressivas, idéias obsessivas e rituais compulsivos) cuja função é manter o material excluído fora do alcance do consciente.

CIÚME PATOLÓGICO

Uma das conseqüências mais graves da não resolução adequada da fase de triangulação é o ciúme patológico.

Temos de diferenciar aqui o ciúme, o zelo normal das pessoas e das coisas que se amam, do ciúme patológico, que é uma reação desproporcional e angustiante frente à confrontação com um terceiro elemento. A entrada do terceiro elemento é uma fase do desenvolvimento psicológico da espécie e que deve ocorrer de qualquer maneira, quer o indivíduo queira, quer não. Ao não se concretizar a entrada do terceiro elemento a criança fica com uma sensação de falta de algo que devia acontecer e não aconteceu e com uma expectativa de que isto que faltou vai ocorrer a qualquer momento. Desta maneira, o indivíduo tem sempre uma expectativa de que existe "algo" que vai acontecer, sempre que ele estabelecer uma relação amorosa, nos moldes do modelo da relação diádica com a mãe ou substituta, isto é, *sempre que este indivíduo estabelecer uma relação amorosa que ele acredite ser de um amor incondicional, ele vai ter a expectativa constante de que existe uma ameaça que pode comprometer a relação, ao mesmo tempo que não consegue sentir a relação sem a ameaça. A relação não existe sem a ameaça e a ameaça se mobiliza na medida em que existe a relação.* Desta forma, ele revive uma sensação que ficou incompleta no seu desenvolvimento psicológico, onde a relação com a mãe é vivida como um grande amor incondicional e a entrada do terceiro elemento como algo que pode pôr em risco esta relação. Ao mesmo tempo em que está vivendo uma relação amorosa, por exemplo, com 30 anos, revive sensações da fase da triangulação de 3 a 5 anos. Esta criança, que teve sua fase de triangulação mal elaborada, que não teve, ou teve um desmonte parcial da relação diádica, fica com uma dinâmica infantil presente na vida adulta e passa a temer, de maneira desproporcional e aparentemente incompreensível, as relações triangulares, reeditando nestas — em nível da fantasia — os sentimentos que ficaram gravados na fase da triangulação, tais como medo, hostilidade, agressão, omissão, culpa, intimidamento, desprezo, jactância, etc.

No ciúme patológico o indivíduo tem a sensação permanente de que a relação com a pessoa amada está sempre ameaçada por um terceiro elemento, real ou fanático, não conseguindo imaginar a relação amorosa sem esta presença.

Ele está, neste momento, revivendo a fase de triangulação mal resolvida, com todos os componentes que esta apresentou.

POSTURA TERAPÊUTICA FRENTE A SITUAÇÕES DE CIÚME PATOLÓGICO

A situação de ciúme patológico está sempre composta do cliente, da pessoa com quem que ele está envolvido amorosamente e um terceiro elemento. O terceiro elemento é geralmente uma pessoa independente do sexo que o cliente percebe ter algum tipo de relação com a pessoa amada, ou que o cliente fantasia que pode ter algum tipo de interesse pela pessoa amada, ou ainda ele é inventado pelo cliente e não tem existência concreta. Muitas vezes o terceiro elemento nem é uma pessoa, mas alguma coisa (um livro, o cigarro, o carro, etc.) ou alguma atividade (esporte, profissão, passatempos, etc.) que prende a atenção ou merece uma dedicação da pessoa amada.

O que é constante na situação de ciúme patológico é que o cliente teme a situação triangular e tem permanentemente a sensação de que o terceiro elemento é uma ameaça de que vai ser vencedor, isto é, vai conquistar ou seduzir ou vai ser privilegiado pela pessoa amada e que ele cliente vai perder e ser rejeitado ou abandonado.

A cena-chave da dramatização do ciúme é uma cena triângular onde existe o cliente, a pessoa amada e o terceiro elemento. Neste triângulo, o único lado conhecido é o da relação entre o cliente e a pessoa amada. A conduta terapêutica consiste em explorar, na fantasia do cliente, qual é a relação que se estabelece entre a pessoa amada e o terceiro elemento e finalmente qual é a relação que se estabelece entre o cliente e o terceiro elemento. Desta forma vamos conseguir que o cliente assuma todos os papéis, inclusive o do terceiro elemento. Caso o terceiro elemento seja somente uma fantasia devemos construir no contexto dramático o perfil da pessoa fantasiada.

Uma vez que o cliente consiga jogar todos os papéis e avaliar as comparações que possa estar fazendo entre ele e o terceiro elemento e também as possíveis comparações que ele supõe que a pessoa amada faz entre ele e o terceiro elemento, o ciúme patológico abranda bastante, pois o mais comum de acontecer é verificar que o terceiro elemento fantasiado é uma extensão do ego idealizado. É a pessoa que o cliente gostaria de ser mas não é. O ciúme patológico só vai ser desmobilizado na medida em que o cliente puder associar as sensações do presente com as vivências da situação de triangulação mal resolvida do passado. A cena resolutiva do ciúme patológico é a resolução da triangulação internalizada entre mãe, pai (terceiro elemento) e o cliente no passado.

CAPÍTULO VIII

EVOLUÇÃO DO NÚCLEO NARCÍSICO

Freud chamou de narcisismo a imagem idealizada que o indivíduo tem dele mesmo sem a necessária comprovação e aprovação dos dados de realidade. Lowen trabalha com o conceito de narcisismo no qual o indivíduo tem uma proposta de sua potência e de seu poder sobre a realidade que é também uma idealização, pois não encontra fundamento nos dados da realidade deste indivíduo. Moreno driblou os conceitos psicanalíticos e falou sobre a brecha entre a fantasia e a realidade para poder exprimir a diferença entre o conceito idealizado que o indivíduo tem de si mesmo e o conceito que ele tem e é confirmado pelos dados de realidade.

Utilizando o conceito da brecha entre fantasia e realidade de Moreno sistematizei o que acredito ser a evolução e resolução da brecha fantasia/realidade e também da evolução e resolução do núcleo narcísico.

O psiquismo tende a trabalhar sempre com o mínimo de tensão interna. Nosso psiquismo vai sempre tentar trabalhar com suas tensões internas de modo a descarregá-las para evitar qualquer acúmulo de tensão intranúcleo. Na medida em que uma tensão interna fica sem descarga ou sem uma elaboração ela se torna motivo de um desequilíbrio tensional dentro do núcleo psicológico, podendo até se tornar uma tensão crônica, o que vai impedir o desenvolvimento harmônico deste psiquismo.

Um dos maiores focos de tensão intrapsíquica é o desejo, a vontade, a necessidade de algo, que a partir de agora vou chamar simplesmente de *desejo*. Na medida em que se deseja algo, isto acarreta um acúmulo de tensão intrapsíquica constante, que teoricamente deve ser resolvida, conforme o psiquismo lança mão de seus recursos (modelos e áreas) para possibilitar que o indivíduo possa realizar o desejo e assim descarregar a tensão. O que acontece freqüentemente é que nem todos os desejos podem ser realizados, pois surgem vários tipos de impedimentos que dificultam ou até impossibilitam a realização parcial ou até total do desejo. Estes impedimentos à realização do desejo acabam sendo causa de acúmulos tensionais intranúcleo, pois na medida em que não se pode realizar uma vontade ou necessidade, esta fica como uma tensão retida que vai interferir no equilíbrio psicológico do indivíduo. Portanto, *o desejo, vontades e necessidades do indivíduo, são focos geradores de tensão intrapsíquica que devem ser descarregados pela realização do desejo.* Na medida em que existam impedimentos a estas descargas a tensão permanece no intrapsíquico interferindo no equilíbrio emocional do indivíduo.

Para lidar com estas tensões acumuladas o psiquismo acaba criando uma série de mecanismos alternativos para elaborar estas tensões ou criar a ilusão de que elas foram elaboradas. Para descrever estes mecanismos precisamos primeiro identificar duas espécies de impedimentos: *Impedimentos de Mundo Interno (intrapsíquicos) e Impedimentos de Mundo Externo (extrapsíquicos).*

Os impedimentos de mundo interno estão ligados à cadeia superegóica e ao conceito de identidade vigente e impedem a realização de uma série de desejos, vontades e necessidades do indivíduo, desde que elas não estejam de acordo com os princípios morais e de conduta estipulados neste conceito de identidade.

Os impedimentos de mundo externo são impedimentos reais que o mundo externo impõe restringindo assim as realizações dos desejos do indivíduo. São impedimentos em que o indivíduo tem pouco ou nenhum controle. Por exemplo:

Se eu tenho um grande desejo de tomar um sorvete, mas estou resfriado e tenho dentro de mim mesmo uma norma incorporada de que não posso tomar sorvete quando estou resfriado. Neste momento uma parte minha impede que outra parte minha realize sua vontade, sem que o mundo externo tenha qualquer participação neste impedimento. Estou frente a um impedimento de mundo interno.

Suponhamos agora que não exista nenhum impedimento interno, mas que a sorveteria está fechada e eu não tenho como arranjar um sorvete, embora esteja com muita vontade. Neste caso estou diante de um impedimento de mundo externo.

Ambos os impedimentos impossibilitam a realização do desejo e portanto vão gerar uma tensão não resolvida dentro da esfera intrapsíquica, mas a postura tanto psicológica como comportamental do indivíduo vai ser diferente no tocante ao impedimento ser de mundo interno ou de mundo externo.

1 — *Impedimentos de mundo externo*

Vamos supor um exemplo hipotético para poder discorrer sobre a evolução da brecha da fantasia/realidade ou do núcleo narcísico. Maria está apaixonada pelo Carlinhos e seu desejo é namorar com ele. Isto causa uma tensão intrapsíquica em Maria, que aparentemente só vai ser satisfeita na medida em que ela conseguir namorar com ele. Maria tem o conceito de que seria uma ótima namorada para o Carlinhos e deseja intensamente realizar seu desejo. Mas, Carlinhos não está apaixonado por Maria e não quer namorar com ela. Este *não* é um impedimento de mundo externo sobre o qual Maria tem pouco ou nenhum controle. Na medida em que Maria entra em contato com o não de Carlinhos, cria-se um impasse entre o seu desejo e a realização deste desejo, assim como a imagem que Maria tem dela mesma (que seria uma honra o Carlinhos namorar com ela) e o dado de realidade do não do Carlinhos que põe em xeque esta auto-imagem de Maria. Maria está apta a realizar seu desejo, mas a realidade externa impede esta realização. A conseqüência disto é que Maria entra em contato com uma sensação muito conhecida: *frustração*.

A frustração é uma sensação diretamente ligada à não realização do desejo. Mas, o fato de Maria sentir a frustração implica no reconhecimento de que existe um não externo que a distancia da realização do desejo, além de modificar sua auto-imagem. O fato de sentir a frustração leva Maria mais próximo da realidade da sua auto-avaliação e do seu poder frente ao mundo externo. Ela vai ficando mais realista e menos idealista. Na medida em que Maria não consegue aceitar este não o psiquismo pode tentar elaborar esta tensão de forma diferente lançando mão de um ardil para evitar a realidade e conseqüentemente a modificação da auto-imagem de Maria e o distanciamento da realização do desejo. Esse ardil é sempre um mecanismo de *ilusão e está ligado à fantasia e não à realidade.* Pode impedir de sentir a frustração e também não reconhecer o não que foi colocado, utilizando uma racionalização, que funciona como uma saída lateral, uma porta de serviço, que mantenha acesa a ilusão de que a realização do desejo foi apenas adiada e pode ainda ser satisfeita. Maria pode racionalizar algo como "ele diz 'não' mas isto é fruto do medo que ele tem de me namorar", "ele diz 'não' porque não está preparado para ter uma namorada como eu", "este 'não' é um aviso divino de que ele não é homem para mim", "ele deve ter sido obrigado a dizer não pela megera da mãe dele", etc. Desta forma Maria não reconhece que o desejo não vai ser satisfeito, mas sim, apenas adiado para um momento posterior, seja durante a vida ou numa próxima reencarnação ou sabe-se lá quando.

Conforme Maria sente a frustração mas continua a insistir na realização do desejo, ela continua a insistir no namoro e continua a ouvir o não do Carlinhos. *A frustração vai dando lugar a um novo sentimento que é a raiva.*

A raiva está ligada diretamente à *aceitação do não*, e a reação de Maria é de raiva e revolta pela não realização do desejo e do confronto de sua auto-imagem com os dados da realidade. Ao sentir a raiva Maria vai se distanciando cada vez mais da realização do desejo e ficando mais realista. Mas, antes de sentir a raiva, Maria pode ter uma saída lateral que lhe permita manter acesa a ilusão da realização do desejo. A porta lateral entre a frustração e a raiva está ligada a um processo de conformismo aparente e que está ligado ao cinismo e pode ser enunciado pelas seguintes racionalizações: "Ainda bem que ele não quer, não ia ser legal ter uma sogra como a mãe dele", "Ele não quer mas tem muita gente que quer", "Não sei onde eu estava com a cabeça de querer namorar com um esportista", etc. Um bom exemplo é dado pela fábula da raposa e das uvas, em que a raposa, não conseguindo alcançar as uvas, fala "eu não as quero, pois estão verdes". Desta forma cínica, Maria consegue evitar aceitar o não e mantém a ilusão sobre si mesma e sobre a realização do desejo. Continua na parte da fantasia.

Na medida em que Maria sente raiva frente ao não de Carlinhos, mas continua a insistir no namoro e ele continua a lhe dizer não, ela entra no passo seguinte da cadeia da realidade, *a raiva dá lugar ao sentimento de tristeza.*

A tristeza vai estar ligada à admissão do não. É a constatação de que Carlinhos não a quer e que ela não tem como impedir isto. É o reconhecimento da impotência de Maria diante do não. Na medida em que sente a tristeza, começa a reconhecer a perda não somente do Carlinhos, mas também e principalmente da ilusão da realização do seu desejo. Portanto, à medida que Maria se permite sentir a tristeza, vai mais fundo em seu realismo e fica mais distante da possibilidade da realização do desejo. Mas há ainda uma porta lateral que ela pode utilizar para evitar de sentir a tristeza. Essa saída lateral fica entre a raiva e a tristeza e está ligada a um mecanismo de insistência que pode ser enunciado pela frase, "não importa que ele não quer, mas eu quero", ou pela repetição "eu quero, quero, quero e quero!" que é um comportamento de birra e de obstinação. Desta maneira, Maria continua a lutar apesar do "não". Continua a lutar, não só por Carlinhos, mas principalmente para manter a fantasia de que seu desejo ainda pode ser satisfeito.

Na medida em que Maria sente a tristeza e reconhece que ele não a quer, o passo seguinte da cadeia de realidade é a sensação de *aceitação do não*, quando Maria aceita realmente que Carlinhos não a quer. É um processo de conformação com a realidade. Ao entrar em contato com a aceitação Maria reconhece a sua impotência frente ao não e desiste de tentar reverter este quadro. Ao sentir isto ela está se afastando fortemente da realização do desejo e aceitando que ele não vai mesmo ser realizado, e aceitando a mudança de sua auto-imagem. Ela não é tão ótima, que Carlinhos tenha de querê-la. Está entrando cada vez mais em contato com a realidade.

Entre a tristeza frente ao não e a aceitação do não, Maria tem uma saída lateral pela fantasia, que está ligada ao despeito e à destrutividade, tanto a autodestrutividade como a destrutividade do outro, que pode ser enunciada por frases do tipo "ele não me quer, mas também vou estragar qualquer paquera dele", "Você sabia que o Carlinhos é viado?", "Eu não namoro mais, homem não presta", ou então, "O culpado é o meu nariz, detesto esse nariz'', "Eu sou uma porcaria mesmo, nem ele me quis'', etc. Desta forma Maria consegue achar uma justificativa e com isto impedir a evolução da escala da realidade. Cria uma justificativa que mantém uma possibilidade de conciliação com o não, e assim não desiste da realização do desejo. Essa fase pode ser resumidamente enunciada por uma frase popular "morro, mas não me entrego" ou "mato, mas não me entrego''.

Uma vez vivenciada a aceitação o próximo e último passo é o *amadurecimento frente ao não*. Maria passa a aceitar uma substituição para a perda do objeto do desejo. Passa a aceitar e procurar algum outro tipo de solução para solucionar mesmo que parcialmente o desejo. Pode ser enunciada pela frase "bem, o Carlinhos não me quer, mas o Paulinho até que é bem legal'', e passa a mobilizar o desejo em relação a outro objeto. Essa sensação vai trazer uma calma interna e uma descarga tensional, não pela realização do desejo, mas pela aceitação real da impossibilidade da realização do desejo. Aceita a reformulação da auto-imagem. É o último passo da cadeia da realidade e onde Maria entra em contato com a sua realidade. Mas, entre a aceitação e o amadurecimento ainda há uma porta de saída lateral, que é o último baluarte na tentativa de manter acesa a ilusão da possibilidade de realização do desejo, e que está ligada à apatia e ao desânimo e que pode ser enunciada da seguinte forma: "Se ele não me quer, eu também não quero mais ninguém'', ou enunciada pelo popular "Se não vai ser do meu jeito, eu não brinco mais''. Desta forma Maria desiste de lutar contra o não de Carlinhos, mas ao não aceitar uma substituição, se mantém disponível, e mantém acesa a fantasia de uma possível realização do desejo.

Desta forma, vemos que acaba havendo duas formas, interligadas, de o indivíduo lidar com os impedimentos de mundo externo. Uma delas é a cadeia da realidade, que é a seqüência de frustração, raiva, tristeza, aceitação e amadurecimento, frente ao *não*, frente ao impedimento de mundo externo, frente à *não realização do desejo e modificação da auto-imagem*. Levam o indivíduo a uma postura de aceitar e se curvar frente à própria realidade e desistir verdadeiramente, não só como uma tática, de determinadas aspirações. A pessoa que consegue sentir toda esta seqüência está amadurecendo psicologicamente e entrando em contato com as emoções mais adultas tais como o amor, a humildade, a gratidão, o reconhecimento e a perda da onipotência. Abre caminho para a sabedoria.

A outra forma de lidar com os impedimentos de mundo externo é o indivíduo utilizar-se da cadeia da fantasia, que é a seqüência da *ilusão com a racionalização, cinismo, obstinação, despeito e apatia*, que mantém o indivíduo em contato com a onipotência e com a emoções mais infantis, como o idealismo, as paixões e os ódios.

Como vimos anteriormente, o desejo não satisfeito acarreta uma tensão intrapsíquica, que para ser descarregada necessita da realização do desejo. Quando existe um impedimento de mundo externo, a seqüência da frustração, raiva, tristeza, aceitação e amadurecimento também descarrega a tensão intrapsíquica.

Os impedimentos também podem estar localizados na esfera intrapsíquica, no mundo interno, e também impedem a realização do desejo. Nos impedimentos de mundo externo, o *não* é ditado por outra pessoa, circunstâncias da vida ou pela própria realidade da vida e está parcialmente ou totalmente fora do controle do indivíduo. Nos impedimentos de mundo interno o *não* é ditado pelas figuras de mundo interno ligadas à cadeia superegóica ou então pelo medo de ousar.

Os impedimentos de mundo interno vão impedir a realização do desejo e causar uma tensão interna e um conflito entre desejo e impedimento, independente de o impedimento ser de origem superegóica ou de medo de ousar, e vão fazer parte das divisões internas já citadas no capítulo da pesquisa intrapsíquica. Utilizando o exemplo hipotético de Maria, ela não vai nem demonstrar seu desejo de namorar com Carlinhos, pois este desejo vai estar impedido até de ser expresso. O desejo fica impedido dentro do mundo interno de Maria, causando frustração. Esta frustração é diferente da anteriormente mencionada, pois, em vez de colocar Maria em contato com a realidade, cria nela uma restrição à expansão do próprio Eu, fazendo com que ela entre em contato com uma sensação de impotência e de fracasso frente a si mesma. Na medida em que permanece o impedimento de mundo interno, ela caminha para a *raiva*, que neste caso passa a ser uma raiva em relação a uma parte de si mesma que está identificada com o impedimento. Em seguida vai entrar em contato com a *tristeza*, na medida que aceita o impedimento de mundo interno e fica deprimida. Esta depressão é conseqüência da impotência frente a uma parte de si mesma ligada ao impedimento. A manutenção do impedimento caminha para o processo de *aceitação* do impedimento e a admissão de que realmente não consegue vencer seus próprios medos ou normas morais e começa um processo de abandonar de vez o desejo. Esta aceitação implica em aceitar uma impotência, não em relação ao mundo externo, mas sim em relação a si mesma. Após a aceitação, o indivíduo caminha para o *amortecimento do desejo*. O amortecimento do desejo é sempre, no meu ponto de vista, uma situação em que se diminui a quantidade de energia vital disponível dentro do indivíduo, que vai caminhando para a perda da própria vitalidade e das próprias vontades. É quando o indivíduo pára de lutar contra seus próprios impedimentos e desiste. No amortecimento existe um abandono do desejo frente ao medo ou às normas superegóicas.

POSTURA DO TERAPEUTA FRENTE AOS IMPEDIMENTOS DE MUNDO INTERNO E DE MUNDO EXTERNO

É fundamental e diferente a postura do terapeuta frente aos impedimentos de mundo interno e mundo externo.

A cadeia de realidade que vai em direção ao amadurecimento está ligada diretamente a um processo de saúde mental em que o indivíduo testa seus desejos, sua capacidade de concretizá-los e sua própria autoimagem no confronto com a realidade externa. E acaba por — escorado no bom senso — conhecer seus limites na relação com o outro e com a própria realidade da vida. Isto acaba dando ao indivíduo a dimensão correta do seu ser, fazendo com que ele saia da situação de onipotência para uma situação de potência. A boa resolução da cadeia da realidade vai fundir a brecha entre fantasia e realidade permitindo que esta pessoa tenha uma avaliação correta de si mesma e do outro e da realidade externa. Resolução do núcleo narcísico.

A postura do terapeuta frente aos impedimentos de mundo externo é de auxiliar seu cliente a:

1 — reconhecer que o impedimento é de mundo externo;

2 — reconhecer, após o teste da realidade, que este impedimento é maior que a sua potência;

3 — auxiliar a elaboração da cadeia de realidade, identificando e elaborando seus passos, até chegar ao amadurecimento;

4 — impedir a entrada pela portas laterais e para a cadeia da fantasia, que mantém aberta a ilusão da realização do desejo, a auto-imagem idealizada (narcisismo) e a onipotência.

Em resumo, a postura do terapeuta frente aos impedimentos de mundo externo de seu cliente é a de ajudá-lo a reconhecê-los e de aceitá-los como parte da própria condição humana.

Os impedimentos de mundo interno levam o indivíduo em direção ao amortecimento do desejo e conseqüente colapso dele frente aos seus medos ou normas incorporadas dentro da cadeia superegóica. Esta seqüência leva o indivíduo para a doença e não para a saúde, pois o indivíduo vai destruir um desejo ou necessidade sem ousar testá-lo, em nível da realidade, se é possível ou não. Obviamente é um conflito surdo entre ele e ele mesmo. Leva a uma postura de conformismo e a uma sensação de profunda impotência. As saídas da justificativa e da racionalização, nos impedimentos de mundo interno, são encaradas como baluartes de defesa do próprio ego para impedir o aniquilamento do desejo e podem ser consideradas como saudáveis, embora inadequadas. Saudáveis por manterem acesa a chama do desejo mas inadequadas porque em vez de auxiliarem no enfrentamento frontal do impedimento de mundo interno, criam mecanismos psíquicos para contornar ou rebaixar a importância do obstáculo ou até do próprio desejo. Cria uma condição interna de convivência com o impedimento. A sensação de impotência só vai ser diminuída na medida em que se enfrenta o impedimento de mundo interno para entrar em contato com a cadeia da realidade e dos impedimentos de mundo externo. Frente aos impedimentos de mundo interno a postura do terapeuta em relação ao cliente é de:

1 — auxiliar no reconhecimento de que o impedimento é de mundo interno e portanto o desejo ou necessidade não foi nem testado;

2 — auxiliar o clareamento e as possíveis origens deste impedimento — pesquisa intrapsíquica;

3 — clarear as justificativas e racionalizações que impedem uma real avaliação da importância do desejo e do impedimento;

4 — criar condições para o enfrentamento frontal do impedimento de mundo interno e conseqüente exteriorização do desejo para que o cliente possa entrar em contato com o mundo exterior e seguir as seqüências da cadeia da realidade.

Posturas em que o terapeuta prega ou estimula o enfrentamento indiscriminado com o impedimento de mundo externo levam a uma exacerbação da onipotência, manutenção do idealismo e dificuldade no amadurecimento psicológico. Ao mesmo tempo, posturas do terapeuta que estimulam a aceitação indiscriminada dos impedimentos de mundo interno levam ao conformismo e o amortecimento do desejo com a conseqüente perda de energia vital e embotamento do indivíduo frente a si mesmo. Logo, é muito importante ter em mente que dentro dos parâmetros do bom senso e da adequação, sempre se deve reconhecer e acatar os impedimentos de mundo externo depois de convenientemente testados e sempre se deve enfrentar os impedimentos de mundo interno depois de convenientemente identificados.

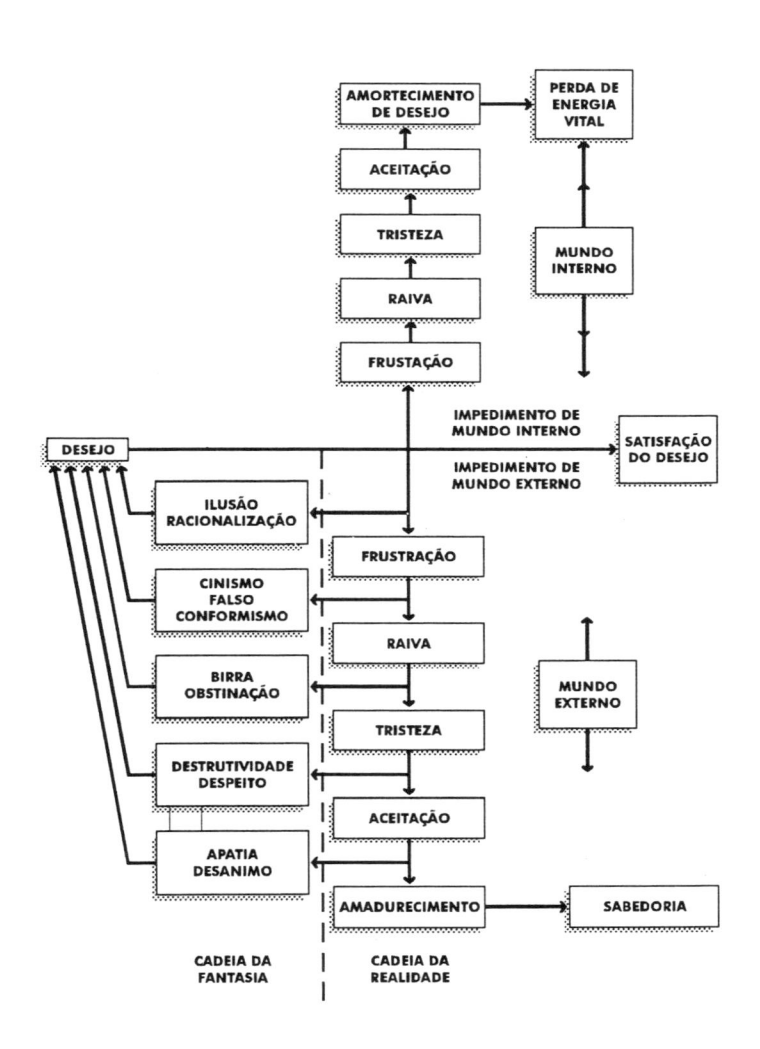

CAPÍTULO IX

EVOLUÇÃO DA IDENTIDADE SEXUAL

Gostaria neste capítulo de apresentar minhas observações clínicas a respeito da evolução da identidade sexual e também de um assunto extremamente polêmico que é o homossexualismo. Deixo claro que minhas observações têm como base a observação no âmbito das psicoterapias e que não tenho qualquer pretensão de esgotar o assunto em questão. Estas observações têm encontrado respaldo na prática clínica psicoterápica e mostrado um resultado bastante satisfatório.

Existem duas evoluções que acontecem de maneira simultânea: a da sexualidade e a da identidade sexual. A evolução da sexualidade está intimamente ligada ao desenvolvimento fisiológico do indivíduo e mais precisamente ao desenvolvimento hormonal e do sistema nervoso central. Vai se desenvolver segundo padrões genéticos ligados à espécie. O desenvolvimento da identidade sexual está ligado ao desenvolvimento dos modelos psicológicos do indivíduo, assim como depende das tradições culturais, familiares, sociais e educacionais desta pessoa. Portanto, a sexualidade vai se desenvolver segundo o padrão da espécie. Sua exteriorização é que vai depender do desenvolvimento psicológico. Assim, a identidade sexual nada mais é do que o canal por onde se exterioriza a sexualidade.

Divido a evolução da identidade sexual em quatro fases: auto-sexual, homossexual, de transição e heterossexual.

1 — FASE AUTO-SEXUAL

Esta fase ocorre ao redor de 4 a 6 anos mais ou menos e é eminentemente manipulatória. É a fase da masturbação, em que a criança se manipula, principalmente nos genitais e entra em contacto com a sensação de prazer. Acredito que a manipulação dos genitais, nesta fase, seja inicialmente uma tentativa de reproduzir descargas tensionais, ligadas ao modelo de urinador. Como já visto, no modelo de urinador a tensão lenta e progressiva está associada no plano somático à bexiga urinária e no plano psicológico acaba ficando ligada aos processos mentais do tipo planejamento, fantasias e devaneios. Existe também um controle ligado ao esfíncter vesical que se relaciona ao controle da vontade e aos processos de decisão. A finalização do modelo está relacionada a uma descarga motora rápida e prazerosa, ligada no plano somático à urina e à sensação desta passando pela uretra e no plano psicológico aos processos de execução de ações no ambiente externo que gratifiquem desejos internos. Nesta idade de 4 a 6 anos, a criança está mentalmente capacitada a fantasiar e planejar atos que gratifiquem seus desejos e necessidades internas. Mas não está apta a executá-los, pois a maior parte das vezes depende do adulto e da disponibilidade deste para que a execução ocorra. Por exemplo, uma criança de 5 anos pode perfeitamente saber que deseja tomar um sorvete, onde comprá-lo e pode até fantasiar todo o processo da compra do sorvete. Mas depende do adulto para que isto se torne realidade. A não resolução destes desejos provoca uma tensão interna. Ao não poder descarregar esta tensão conforme o desejado a criança tenta descarregar a tensão utilizando-se, não do modelo psicológico de urinador, mas do papel psicossomático de urinador. Isto é, tentar provocar pela micção ou manipulação da uretra e áreas adjacentes (genitais) uma descarga motora rápida e prazerosa. Seria a ação substitutiva do comprar e tomar o sorvete. Nestas tentativas a criança entra em contacto com as sensações de prazer, já de ordem sexual.

A fase auto-sexual possibilita que a criança entre em contacto íntimo com seu corpo e com as sensações prazerosas que este corpo pode proporcionar. Esta intimidade consigo mesma é a base de um bom relacionamento sexual, já que para se poder usufruir das sensações sexuais é preciso ter primeiro algum nível de intimidade consigo mesmo.

A masturbação inicia-se nesta fase e vai se reacender fortemente na adolescência, quando já estará ligada diretamente ao desejo sexual, embora a pesquisa do corpo todo como fonte de prazer permaneça. No início da adolescência ocorre fenômeno semelhante ao da infância: ao mesmo tempo que este pré-adolescente ou adolescente está apto a ter desejos sexuais (tesão) ele muitas vezes não está pronto para dar um encaminhamento a este tesão no mundo externo, seja por falta de uma identidade sexual bem definida, seja por vergonha, inibição, valores morais ou simples falta de oportunidade. Desta forma acaba por descarregar suas tensões sexuais, que seriam com o outro, por via da masturbação.

O que caracteriza portanto a fase auto-sexual é uma grande intimidade com as sensações de prazer corporal desencadeadas pela automanipulação do corpo. É uma ação que se caracteriza pela não participação de outras pessoas e sim uma ação produzida por si mesmo e revertida em seu próprio benefício. A masturbação permanece presente a vida toda, e pode ser usada independente da fase de identidade sexual em que o indivíduo esteja.

2 — FASE HOMOSSEXUAL

A fase homossexual se inicia ao redor de 9 anos e vai até mais ou menos os 13 anos variando de pessoa a pessoa. Abrange as primeiras mudanças hormonais com o aparecimento dos pêlos pubianos, arredondamento das formas, aparecimento de seios nas meninas e o aparecimentos de pêlos pubianos, aumento do desenvolvimento muscular e aparecimento de esperma nos meninos. Paralelamente ao desenvolvimento da sexualidade, ocorrem grandes transformações em relação à identidade sexual. Nesta fase ocorre uma divisão entre os sexos. Menino só brinca com menino e menina só brinca com menina. A mistura dos sexos nesta fase é sempre caracterizada por uma conduta de pirraça, de confronto onde não existem alianças entre meninos e meninas. É o famoso clube do Bolinha, onde menina não entra e o clube da Luluzinha, onde menino não entra. Mesmo nas psicoterapias de grupo, nesta fase desaconselha-se a mistura de meninos e meninas, pois invariavelmente se transformam em dois grupos querelantes.

O que mais caracteriza a fase homossexual é o surgimento do *grande amigo* e *da grande amiga* respectivamente para o menino e para a menina. É uma experiência marcante — as relações são vividas como perfeitas. No caso dos meninos, o grande amigo é tudo; é confidente, totalmente confiável, é o homem que o garoto gostaria de ser. É uma relação de amor irrestrito, onde não existem segredos e os pactos de lealdade são rigidamente obedecidos. É uma relação de intensa fidelidade e admiração mútua. No caso das meninas, ocorre algo semelhante e a grande amiga é também objeto de um amor irrestrito, é a grande confidente e a relação é de grande fidelidade e admiração mútua. É a mulher que a menina gostaria de ser.

Psicologicamente, a fase homossexual se caracteriza pela estruturação e cristalização da identidade sexual. O menino projeta no grande amigo a *sua identidade sexual masculina* e a menina projeta na grande amiga a *sua identidade sexual feminina.*

A identidade sexual projetada no grande amigo/grande amiga é formulada a partir do conjunto de modelos masculinos e femininos incorporados e admirados até esta época de mais ou menos 10 anos. O menino vai montar seu modelo masculino a partir dos homens (pai, avô, tios. pais de amigos, irmãos, artistas, esportistas, ídolos, etc.) que de alguma forma ele admira, assim como aspira ser igual. A menina vai montar seu modelo feminino também a partir das mulheres (mãe, avó, tias, mães de amigas, irmãs, artistas, esportistas, ídolos etc.), nas mesmas condições dos meninos.

Nesta fase, o grande amigo ou a grande amiga são pessoas reais, mas às vezes, na impossibilidade de pessoas reais, o indivíduo cria os grandes amigos/as imaginários, onde projeta e deposita todas as suas aspirações.

Desta forma se projeta no grande amigo/grande amiga o homem ou a mulher que o garoto/a gostaria de ser. Uma vez projetada esta identidade sexual no grande amigo/a este passa a ser o homem ou a mulher idealizados. A projeção da identidade implica uma estruturação e visualização desta identidade do grande amigo/a. Uma vez estruturado e visualizada a identidade no outro, passa-se a um segundo momento, que é o de incorporar e cristalizar esta identidade. Para incorporar a identidade sexual masculina/feminina projetada no grande amigo/amiga é necessária uma ressonância, em nível de mundo interno, da *figura de mundo interno do pai ou da mãe ou seus substitutos*. Portanto, o menino projeta no grande amigo o homem que ele aspira ser. Para incorporar como sua a identidade projetada ele necessita de uma mobilização da figura de mundo interno do pai ou seu substituto (avô, tio, etc.) para que exista uma identificação em seu mundo interno com o *ser homem*. O mesmo vale para a menina, que projeta na grande amiga a mulher que ela deseja ser e para incorporar sua identidade projetada vai mobilizar a figura de mundo interno da mãe ou suas substitutas (avó, tias, etc.) para que exista no seu mundo interno a identificação com o *ser mulher*. Caso as figuras de mundo interno estejam muito mal incorporadas ou severamente bloqueadas não acontece a identificação com o *ser homem* ou *ser mulher* e a identidade sexual projetada não consegue ser incorporada, passando o desenvolvimento a ficar retido na fase homossexual.

Entendemos como figura de mundo interno severamente bloqueada quando a criança, acaba, por ódio a destruir o pai dentro dela, na impossibilidade de destruí-lo fora. Ou por desprezo não quer se identificar com ele. Ou por qualquer outro motivo destrói ou se recusa a se identificar com este pai ou esta mãe. Na medida em que a figura de mundo do interno do mesmo sexo, isto é, pai para os meninos e mãe para as meninas estiver razoavelmente incorporada e não estiverem severamente bloqueados a identidade sexual projetada passa a ser incorporada e este menino ou menina passa a ter agora a sua própria identidade sexual. Ou seja, passa a sentir-se e a comportar-se como homem, para os meninos e como mulher para as meninas. Ao incorporar a identidade sexual projetada o grande amigo/a perde sua importância da mesma forma intensa com que ganhou esta importância. A relação com o grande amigo/a deixa de ser idealizada para ganhar uma dimensão mais real.

Durante a fase homossexual, não ocorrem necessariamente jogos sexuais, embora seja comum esta ocorrência, tal como, manipulação de genitais, masturbações conjuntas (troca-troca), tentativas de relação sexual, brincadeiras eróticas etc. Estas brincadeiras sexuais têm uma característica de exploração e identificação com o corpo do outro. A exploração de um corpo semelhante possibilita um aumento da identificação com o mesmo sexo além de ajudar na cristalização da identidade sexual.

Podemos resumir a fase homossexual como uma época em que se projeta a identidade sexual aspirada num elemento do mesmo sexo, criando assim uma identidade sexual projetada. É uma fase de profunda identificação com o mesmo sexo. Uma vez projetada a identidade sexual no grande amigo/a, essa identidade vai sendo incorporada, desde que exista uma ressonância ligada às figuras de mundo interno do mesmo sexo. Desta forma se cristaliza a própria identidade sexual, isto é o sentir-se como homem ou como mulher. Esta fase vai terminando ao redor dos 13 anos, coincidindo com a instalação da puberdade. Uma vez cristalizada a identidade sexual passa-se a estar apto a ter algum interesse pelo sexo oposto. Agora que tenho uma identidade sexual ligada ao meu corpo posso começar a desenvolver uma sexualidade direcionada a um corpo diferente do meu, sem com isto perder a minha própria identidade sexual.

3 — FASE DE TRANSIÇÃO

A fase de transição, como o próprio nome diz, ocorre entre a fase homossexual e a fase heterossexual. Na medida em que o menino/menina termina a fase homossexual e portanto está de posse de sua identidade sexual, começa um processo de identificação psicológica com o sexo oposto. Em nível de sexualidade — orgânico, portanto — aparecem as sensações sexuais de tesão. O tesão está ligado a todas as alterações hormonais que estão ocorrendo na puberdade. Como já foi dito, o tesão acontece independente do psicológico. A fase de transição, que ocorre ao redor de 13 ou 14 anos, se caracteriza pelo começo da *identificação sexual com o sexo oposto*. Para que esta identificação possa ocorrer é necessária agora a mobilização das figuras de mundo interno do sexo oposto.

O jovem sente tesão e tenta canalizá-lo para uma garota. Mas, para que isto aconteça é necessário que haja uma resposta, sintonia, ao nível de mundo interno com o *ser mulher*. Essa sintonia vai ser dada pela figura internalizada da mãe e/ou suas substitutas. Desta forma é necessária uma mobilização da figura de mundo interno da mãe para que o jovem possa identificar na mulher o seu objeto de tesão. Com a garota vai acontecer um processo semelhante. Ao direcionar seu tesão para um homem, necessita mobilizar a figura de mundo interno do pai ou substituto de modo a sentir alguma afinidade, sintonia, com o *ser homem*.

Assim, na fase de transição a figura internalizada feminina é fundamental para que o garoto consiga identificar a mulher como sendo sua parceira erotizada e canalizar o tesão para ela. No caso da garota, a figura internalizada masculina é fundamental para que ela possa identificar o homem como seu parceiro erotizado e canalizar o tesão para ele.

Quando o modelo masculino das garotas ou o modelo feminino dos garotos estiverem pouco incorporados ou severamente bloqueados, eles não conseguirão identificar o sexo oposto como parceiros erotizáveis, independentemente de já terem incorporado suas identidades sexuais masculinas ou femininas. Neste caso o que não se desenvolve não é o comportamento sexual masculino/feminino, ser homem/ser mulher, como referido na fase homossexual mas, *não se desenvolve o desejo sexual pelo sexo oposto.*

4 — FASE HETEROSSEXUAL

Vai ocorrer em seguida a fase de transição e é a última etapa do desenvolvimento da identidade sexual. Uma vez canalizado o desejo-tesão para o sexo oposto tanto o rapaz como a moça passam a se procurar mutuamente dentro dos modelos da cultura em que vivem. Esta fase se inicia ao redor de 15 a 16 anos e se caracteriza pelo encontro masculino-feminino. Caracteriza-se não só pelo relacionamento sexual entre homem/mulher mas — e principalmente — pela interação de intimidade que ocorre entre eles. No início dos relacionamentos heterossexuais o moço ou a moça, recém-saídos da fase homossexual e de transição estão ainda bastante inseguros em relação à própria identidade sexual e ainda não plenamente desenvolvidos no tocante ao estabelecimento do desejo pelo sexo oposto. São relações sexuais onde o rapaz está muito mais preocupado com sua própria *performance* do que realmente em interagir com sua parceira. Idem para a moça, que também está mais centrada nos seus comportamentos do que na interação com seu parceiro.

A fase heterossexual vai se organizando e se estruturando na medida em que o homem consegue se identificar sexualmente com sua parceira e se relacionar com ela sem com isto perder ou descaracterizar sua própria identidade sexual. E a mulher consegue se identificar sexualmente com seu parceiro e se relacionar com ele sem perder ou desorganizar sua própria identidade sexual feminina. Em outras palavras, o homem consegue sentir como a mulher se sente sem perder de vista como ele se sente e a mulher consegue sentir como o homem se sente sem perder de vista como ela se sente, caracterizando assim uma verdadeira inversão de papel sexual masculino/feminino.

A relação plenamente heterossexual seria comparável à definição do encontro moreniano onde homem e mulher se misturam sexualmente e ao se desmisturarem voltam para sua própria identidade, enriquecidos pela experiência vivida. Na relação heterossexual, quanto mais o homem pode entrar em contato com o tesão e as emoções de sua parceira, sentir como ela se sente, mais ele vai ficando enriquecido na sua identidade sexual masculina. Para a mulher o processo é idêntico. Quanto mais ela consegue sentir o tesão e as emoções de seu parceiro masculino, sentir como ele se sente, mais ela vai enriquecendo sua identidade sexual feminina.

O desenvolvimento da identidade sexual vai ocorrer nestas quatro fases. Assim como no desenvolvimento psicológico, essas fases podem não ser bem resolvidas e o indivíduo ficar total ou parcialmente retido em qualquer delas, impedindo assim que se complete o desenvolvimento da identidade sexual, prejudicando até a própria sexualidade. A retenção do desenvolvimento em alguma destas fases não impede muitas vezes que se passe para a próxima, só que neste caso teremos uma passagem parcial, como veremos na psicopatologia. Ao discorrer sobre a psicopatologia sexual, me aterei à psicopatologia oriunda do mau desenvolvimento em relação às fases e não aos bloqueios morais. Os bloqueios morais e de educação ocupam uma grande importância no exercício da sexualidade, mas não são da esfera sexual propriamente dita.

Psicopatologia da identidade sexual

1 — RETENÇÃO NA FASE AUTO-SEXUAL

Ao falar na psicopatologia da identidade sexual, temos de diferenciar duas situações que acontecem durante a fase do desenvolvimento. A primeira diz respeito às dinâmicas que ocorrem da má elaboração da fase. A segunda diz respeito às dinâmicas que surgem em conseqüência de não se ultrapassar a fase.

A — *Não elaboração da fase auto-sexual.*
Geralmente, em conseqüência de repressões morais, a criança acaba por ser reprimida em suas explorações genitais e até mesmo do próprio corpo. Estas atitudes repressivas podem acarretar uma inibição neste comportamento ou, mais freqüentemente, há associações entre o comportamento manipulatório de genitais e do corpo com sujeira, coisas feias, pecado, proibido etc. A conseqüência disto é que o indivíduo vai ter bloqueios na intimidade com o próprio corpo. Ou ele passa a não ter ou ter muito pouca intimidade com as próprias sensações corporais. Ou passa a sentir medo, culpa, vergonha, etc. das explorações que possa eventualmente fazer em relação a si mesmo. Passa a ter dificuldade em dar ou produzir prazer em si mesmo. O que pode acarretar, com freqüência, comportamentos de dependência sexual em relação aos parceiros pois, "se eu não posso dar prazer para mim mesmo dependo sempre de alguém que dê". Uma vez detectada esta situação, a abordagem terapêutica implica a identificação dos superegos morais que inibiram esta fase e exercícios de masturbação para conseguir vivenciar de maneira menos culposa a relação de intimidade consigo mesmo.

B — *Retenção na fase auto-sexual*
Uma vez elaborada a fase auto-sexual, isto é, a criança entrou em contato íntimo com suas sensações corporais e genitais, podendo produzir prazer em si mesma, ela deveria poder agora identificar e trocar isto com outras pessoas, sejam elas do mesmo sexo ou do sexo oposto.

Uma criança que apresente uma grande dificuldade de relacionamento, seja por inibição, vergonha, medo, timidez, desconfiança, etc. ou por algum quadro psicológico mais grave tipo esquizoidia ou fobia, vai ter dificuldade de compartilhar com o outro qualquer intimidade corporal, mesmo que consigo mesma ela esteja à vontade. A conseqüência é que este indivíduo fica restrito à masturbação como a forma mais segura e possível de descarregar energia sexual e conseguir prazer.

O relacionamento sexual passa a ser prioritariamente de masturbação e os parceiros ficam na fantasia ou em fotografias, livros, filmes, à distância (voyeurismo) etc. Quando o bloqueio de relacionamento é mais brando o indivíduo até consegue manter relações sexuais seja com parceiros do mesmo sexo ou do sexo oposto, mas são relações com muito pouca intimidade, e onde o tesão fica centrado no próprio corpo, nas próprias sensações ou fantasias. Não se envolve com o outro. A excitação do outro não o excita ou até mesmo atrapalha. Portanto, embora o ato sexual possa se dar com parceiros a relação é sempre consigo mesmo. A abordagem terapêutica fica ligada a melhorar o contato com o outro, independentemente do sexual. Em outras palavras, poder identificar o Tu, tomar o papel do Tu e inverter papel com o Tu. Qualquer melhora na relação Eu-Tu repercute na intimidade sexual, além de a abordagem sexual propriamente dita poder ser uma entrada para melhorar a relação de intimidade Eu-Tu.

2 — RETENÇÃO NA FASE HOMOSSEXUAL

É durante a fase homossexual que o menino e a menina vão cristalizar sua identidade sexual. Como já visto anteriormente, é necessária a mobilização da figura internalizada de pai e a de mãe para que o menino e a menina, respectivamente, recuperem e cristalizem a identidade sexual projetada no grande amigo/grande amiga. Quando estas figuras internalizadas estão pouco internalizadas ou severamente bloqueadas, não existe uma ressonância afetiva interna e a recuperação da identidade projetada não acontece ou acontece de forma parcial. A não recuperação da identidade sexual projetada vai acarretar dinâmicas internas de não elaboração da identidade sexual e também dinâmicas ligadas à não ultrapassagem da fase.

A — Não elaboração da fase homossexual

Na medida em que não se recupera a identidade sexual aspirada projetada este garoto/garota passa a não conseguir se sentir e a se comportar como homem/mulher, principalmente frente a situações erotizadas com o sexo oposto. Ele ou ela não conseguem encontrar dentro de si mesmo a sensação do que é ser homem ou ser mulher. Passam freqüentemente a tentar copiar os comportamentos masculinos e femininos e muitas vezes de forma estereotipada (maneirismos).

Exemplo masculino — Um homem que não elaborou a fase homossexual, não sabe a forma de se comportar como homem. Ele passa a se comportar como menino, ou — em situações em que é muito exigido como homem — passa a se comportar de forma estereotipada, com maneirismos. Os maneirismos são gestos e atitudes que tentam de forma artificial encobrir uma sensação de "sem graça". Este homem pode até ter tesão por uma mulher, mas ao deparar com uma mulher em situação erotizada acontece uma situação muito embaraçosa. A mulher, ao erotizar a relação assume a identidade sexual feminina. Este homem teria de assumir, por sua vez, a identidade sexual masculina. Como ela não foi elaborada na fase homossexual, ele não encontra dentro de si o "como se comportar como homem". Neste momento ele se encontra em uma situação em que "tem de se comportar como homem" e "não tem identidade sexual masculina internalizada para isto". Uma solução é *entrar em pânico e fugir ou evitar tal situação*. O pânico não é da mulher mas sim de ficar sem um parâmetro de comportamento. Outra solução é passar a emitir um comportamento mais regredido, que é o de menino e assim transformar a relação inicial homem-mulher numa relação mãe-filho ou adulto-criança. Com o tempo este homem vai passar a evitar qualquer tipo de relação erotizada com as mulheres.

O perfil descrito até agora caracteriza um tipo de indivíduo homossexual comumente chamado de "bicha", com maneirismos tanto nos gestos como na fala. Os maneirismos não são, como geralmente se diz, características femininas, mas sim características de "sem graça". São comportamentos afetados e estereotipados, na verdade usados para encobrir uma falta do "como se comportar como homem". No comportamento não afetado encontramos freqüentemente um jeito de menino e muitas vezes comportamentos mais femininos, desde que este modelo esteja menos comprometido. No caso das mulheres vai acontecer um processo semelhante.

Exemplo feminino — Uma mulher que não elaborou a sua identidade sexual feminina não sabe como se comportar como mulher. Acaba se comportando de uma maneira mais estereotipada ou até de forma de menina quando solicitada no papel de mulher. Pode ter o desejo sexual preservado e sentir tesão por um parceiro masculino. Quando acontece de numa relação com homem se estabelecer um clima erotizado fica numa situação bastante embaraçosa. O homem, ao erotizar a relação assume sua identidade sexual masculina. Ela, não encontrando sua identidade sexual feminina acaba por entrar em pânico (falta de identidade) e fugir da situação ou então assume uma identidade de menina, descaracterizando a relação homem/mulher e transformando-a em relação pai/filha ou adulto/criança. Esta moça tende com o tempo a evitar contato com os homens no sentido sexual. O perfil descrito corresponde ao de uma mulher homossexual chamada vulgarmente de "sapatão", que imita — às vezes de forma até muito grosseira — o jeito masculino ou então acaba por ter um comportamento de menina. Pode apresentar um jeito masculino, se esta identidade estiver mais preservada.

B — *Retenção na fase homossexual*

Não elaborando a fase homossexual o indivíduo não consegue incorporar a identidade sexual projetada no grande amigo/grande amiga. Como resultado disto ele/ela não consegue passar para a fase seguinte, pois não encontra dentro de si identidade sexual suficiente para entrar na fase heterossexual. Como já foi dito, a sexualidade vai evoluir de qualquer forma, já que não depende da identidade psicológica e sim de fatores orgânicos (hormonais). A sexualidade, na medida em que vai evoluindo e não encontrando um canal para seu direcionamento heterossexual, passa a ser direcionada para um componente do mesmo sexo.

O indivíduo homossexual retido na fase homossexual, além de descarregar e direcionar a sexualidade para um parceiro do mesmo sexo, continua a procurar no parceiro sua própria identidade sexual masculina/feminina. Este é um dos grandes dramas das relações homossexuais, oriundas desta fase, posto que existe sempre uma idealização do parceiro do mesmo sexo a projetar nele as suas próprias aspirações de identidade sexual masculina/feminina. Ao mesmo tempo, uma grande insatisfação e sensação de incompletude pela não incorporação desta identidade. A identidade sexual idealizada e projetada no parceiro não é incorporada devido à não incorporação ou ao severo bloqueio das figuras de mundo interno — pai para o menino e mãe para a menina. A sensação é sempre de procura e frustração, muitas vezes responsabilizando-se o parceiro por não ser como o indivíduo gostaria que ele fosse. Isto explica em parte a grande mudança de parceiros que ocorre nas relações homossexuais retidas nesta fase. Procura-se na verdade um parceiro/a que possa completar sua sensação de vazio, falta de identidade. É uma procura inútil, pois a falta de identidade não ocorre pela falta de parceiros mas sim, pelo bloqueio das figuras internalizadas.

3 — *RETENÇÃO NA FASE DE TRANSIÇÃO*

A fase de transição, que ocorre aos 14-15 anos, vai se caracterizar pela canalização do tesão sexual para o sexo oposto, tesão que está em pleno desenvolvimento, por toda a modificação orgânica (hormonal) por que passa este indivíduo. Para que o tesão se canalize para o sexo oposto, vamos precisar da mobilização das figuras internalizadas do sexo oposto, *mãe no caso do rapaz e pai no caso da moça*. Para que possa haver um interesse sexual pelo sexo oposto é necessário uma ressonância em nível de mundo interno dada pela figura internalizada do sexo oposto. No caso de má incorporação ou severo bloqueio da figura internalizada, a ressonância não acontece e *não surge um desejo sexual pelo sexo oposto*.

A — *Não elaboração da fase de transição*

Na medida em que exista má incorporação ou severo bloqueio na figura internalizada do sexo oposto o indivíduo em questão não consegue sentir o sexo oposto como possível parceiro sexual.

Exemplo masculino — Um homem que não elaborou a fase de transição em contacto com uma mulher não vai erotizar esta relação. Se a mulher erotizar a relação ele não vai fugir nem ficar menino, pois tem a sua identidade sexual masculina bem incorporada. Ele vai, portanto, assumir sua identidade sexual masculina mas, esta situação erotizada não vai despertar seu desejo sexual em relação a esta moça. Ele pode até ter relações sexuais com ela, mas não vai conseguir trocar intimidade sexual. Ele transa sem se tornar íntimo. O tesão vai acontecer centrado no contacto corporal ou nas fantasias internas dele ou pelo visual de nádegas, etc. mas não vai estar centrado no tesão dela. Este fato impedirá que se troque uma intimidade afetivo-sexual, mas não vai impedir o acontecimento da transa sexual. Vamos encontrar este perfil de identidade sexual em homens homossexuais ou bissexuais popularmente chamados de "entendidos". São homens que têm uma identidade sexual masculina e sabem o que é ser e se comportar como homens. Mas são muito homens, não têm aquela parte feminina responsável pela inter-relação com as mulheres. O contacto com o sexo oposto acaba acontecendo pelo afetivo, pelas necessidades sociais ou morais. Vontade de casar, de ter filhos, porque o social requer, porque gosta muito de determinada moça, para dar uma satisfação para a família e muitas outras causas.

Exemplo feminino — Uma moça, que não elaborou a fase de transição, em contacto com um homem não vai erotizar a relação mas também não vai ter dificuldades de comportamento se a erotização vier por parte dele. Não vai fugir nem virar menina. Mas, o desejo dele em relação a ela não vai despertar o desejo dela em relação a ele. Ela pode manter relações sexuais, pois tem sua identidade sexual feminina bem incorporada mas terá muita dificuldade em estabelecer qualquer intimidade na linha afetivo-sexual. O tesão dela vai surgir do contacto corporal, de suas fantasias internas, do clima afetivo, de um tesão represado etc. mas não vai estar centrado no tesão dele por ela. Este perfil está relacionado com mulheres popularmente chamadas de "entendidas" ou "sandalinhas". São mulheres femininas, mas femininas demais, não tendo uma parte masculina, responsável pela interação erótica com os homens. O contacto com o sexo oposto vem pelo afeto, de necessidades sociais e morais. "Gosto muito deste moço", "Quero casar e ter filhos", "Preciso dar netos para meus pais", "Toda moça precisa casar", "Quero proteção masculina" e dezenas de outras causas.

B — *Retenção na fase de transição*

Ao não conseguir canalizar o desejo sexual (tesão) para o sexo oposto o tesão — em seus aspectos de intimidade sexual — passa e ser descarregado em figuras do mesmo sexo. É comum um desdobramento da sexualidade de modo a canalizar a sexualidade/tesão para o sexo oposto e a intimidade para os do mesmo sexo. Muitos homens e mulheres retidos nesta fase não têm relações homossexuais por preconceitos ou medos e acabam por manter ou não vida sexual com parceiros do sexo oposto, mas tendo profunda intimidade não sexual com parceiros do mesmo sexo. Quando a carga de preconceito ou medo não é muito grande, acabam por manter relações sexuais com ambos os sexos (bissexual) com a diferença de que com os parceiros do mesmo sexo a relação é também de muita intimidade. Muitas vezes optam por ter vida sexual apenas com parceiros do mesmo sexo.

A retenção na fase de transição vai acarretar uma dificuldade no estabelecimento do desejo sexual com o sexo oposto e está ligada à falta de incorporação ou a bloqueios severos da figura internalizada do sexo oposto. Não acarreta dificuldades no relacionamento sexual com o sexo oposto, desde que a fase homossexual tenha sido bem elaborada, mas interfere intensamente na intimidade e na cumplicidade dos jogos sexuais com o sexo oposto.

4 — *FASE HETEROSSEXUAL*

A fase heterossexual é o término do processo de desenvolvimento da identidade sexual. Carateriza-se não só pelo relacionamento sexual entre um homem e uma mulher, mas principalmente pela interação e intimidade que ocorrem entre eles. No início dos relacionamentos heterossexuais o moço ou a moça — recém-saídos da fase homossexual e da fase de transição — ainda estão bastante inseguros em relação à sua própria identidade sexual e ainda não plenamente desenvolvidos no tocante ao estabelecimento do desejo pelo sexo oposto. São relações onde tanto o rapaz como a moça estão mais preocupados com a própria *performance* sexual do que em realmente interagirem com seus parceiros. Tal *interação sexual* vai acontecendo e se desenvolvendo na medida em que o indivíduo vai amadurecendo na sua vida sexual e o auge do desenvolvimento heterossexual acontece quando um homem, ao ter relação sexual com uma mulher, pode — durante esta relação — "sentir como ela se sente" sem perder com isto o "como ele se sente" e vice-versa para a mulher. Desta maneira o tesão dele vai impulsionar o tesão dela e o tesão dela aumentará o tesão dele, caracterizando assim uma interação de intimidade e entrega durante a relação e todos os seus jogos sexuais. Numa linguagem psicodramática, na relação plenamente heterossexual acontece uma inversão de papéis sem que com isto se perca a noção do próprio papel.

Os bloqueios que acontecem na fase heterossexual podem ser de origem moral, de costumes, timidez, ignorância, religiosa, etc. e serão tratados conforme seus desencadeantes.

Os bloqueios ligados à não estruturação completa da identidade sexual devem ser tratados mobilizando os modelos das figuras de mundo interno responsáveis pela identidade sexual masculina e feminina tanto do homem como da mulher.

A retenção na fase homossexual e na fase de transição acontece quando existe um severo bloqueio em relação a uma ou ambas as figuras internalizadas ou então uma má incorporação destas figuras. Quando existem bloqueios ou dificuldades na incorporação das figuras, mas não são severos, o indivíduo passa para as fases seguintes. Esta passagem se dá parcialmente e vai se completando no amadurecimento do papel sexual. Portanto o homem ou a mulher com dificuldades parciais no relacionamento heterossexual, advindo de bloqueios da fase auto, homo ou transição, vai ter grandes melhoras na medida em que for tratando de seus modelos internalizados.

Abordagem psicoterápica nos casos de homossexualismo

É um tema bastante controverso e pretendo dar aqui um enfoque no tratamento da dinâmica homossexual. Qualquer indivíduo que tenha um relacionamento homossexual acaba por trazer ao contexto da psicoterapia três questões fundamentais.

A — *Problemas na relação com seu parceiro/a homossexual.* Devemos dividir estes problemas em dois enfoques. O primeiro são as dinâmicas de desencontro e de ajustamento que qualquer relação entre duas pessoas desencadeia. O segundo é a procura, no parceiro, da identidade sexual projetada. Essa procura acaba por agravar uma série de conflitos normais de qualquer casamento, pois procura-se no outro algo que o indivíduo não tem por dificuldade com seus próprios modelos internos. Acaba-se por jogar na relação homossexual uma expectativa de com ela resolver a sensação de falta de identidade sexual, gerando constantemente uma grande insatisfação e uma expectativa, muito comum, de que a próxima relação homossexual vai resolver este problema.

B — *Problemas na relação com o ambiente familiar e social.* Não podemos, em hipótese alguma, esquecer que o homossexualismo é visto com uma carga de preconceitos que variam de cultura para cultura e de ambiente para ambiente dentro de uma mesma cultura. É importante a conscientização de que o homossexual é alvo de preconceitos e também a ajuda terapêutica, no sentido de lidar com estes preconceitos da forma mais adequada para cada ambiente focalizado. Há ambientes em que se pode oferecer uma maior intimidade e até um conhecimento explícito da situação homossexual, até ambientes em que isto deve ser evitado, impedindo assim retaliações morais do social. Não aconselho algumas posturas em que o terapeuta estimula o famoso ''assumir'' a condição homossexual independente do ambiente em questão e às vezes até com certo acinte e arrogância. Pode-se com esta postura substituir a *falta da identidade sexual por um rótulo sexual* impedindo com isto um questionamento mais profundo da própria homossexualidade.

C — *Relação do homossexual com seus modelos internalizados*. Esta é a parte mais difícil de ser abordada numa terapia de um indivíduo homossexual.

Embora ambas as figuras de mundo interno estejam comprometidas, sempre existe uma figura de mundo interno mais comprometida, isto é, pouco incorporada ou severamente bloqueada. A abordagem deste modelo, normalmente difícil em qualquer terapia, é mais difícil no homossexual por existir um processo de evitação de situações onde esta figura seja mobilizada. No caso do homossexual masculino (retido na fase homo) existe a *evitação do contato erotizado com mulher*, pois este contato mobilizará a figura de mundo interno masculina. Como essa figura está pouco incorporada ou severamente bloqueada o indivíduo cai num vácuo de identidade e entra numa sensação de pânico. No caso do homossexual feminino a *evitação do contato erotizado com homem*, que vai mobilizar a figura de mundo interno feminina, ocorrerá um processo semelhante.

No caso do homossexual masculino (retido na fase de transição) ocorre *evitação do contato de intimidade com a mulher*, pois esse contato é que mobilizará a figura de mundo interno feminina, que é pouco incorporada ou severamente bloqueada, ocorrendo também um vácuo de identidade com a correspondente sensação de pânico. O mesmo ocorre com a homossexual feminina que vai *evitar o contato de intimidade com o homem*, evitando assim a mobilização da figura de mundo interno masculina que no seu caso é a figura pouco internalizada ou severamente bloqueada.

Desta forma, necessitamos de uma compreensão do nosso cliente homossexual de que, para mobilizar e assim poder trabalhar a figura internalizada bloqueada é preciso que ele *enfrente a sua cena temida*. Isto é, tente entrar em contato erotizado ou tente uma situação de intimidade com homem ou mulher, conforme o seu caso de evitação. É uma proposta de ação contrafóbica, consciente para conseguirmos entrar em contato com a figura interna bloqueada. Quando isto não ocorre a terapia fica bloqueada e não conseguimos entrar em contato com a figura internalizada, o que dificulta muito a resolução do caso.

CAPÍTULO X
DEFESAS INTRAPSÍQUICAS E DEFESAS CONSCIENTES

A — DEFESAS INTRAPSÍQUICAS

Como já vimos nos capítulos anteriores, à medida que o cliente vai questionando o seu conceito de identidade e mobilizando material depositado na zona de PCI, vai se instalando um conflito e uma divisão interna entre o cliente e ele mesmo. Entre a parte do cliente identificada com a cadeia superegóica registrada de forma consciente no POD e a parte identificada com o material depositado na zona de PCI, material este que também é de POD, mas está "esquecido", excluído do conceito de identidade. Cada vez que o material depositado é mobilizado e tenta vir para o nível consciente existe uma reação de alarme dentro do psiquismo. Esse alarme é vivido como uma sensação de pânico. O pânico sempre se instala quando existe uma ameaça de *perda de referencial de identidade por um questionamento súbito e maciço do conceito de identidade.* Para evitar a sensação de pânico o psiquismo lança mão de mecanismos para tamponar, evitar a concientização deste material. Esses mecanismos são as defesas intrapsíquicas e estão também fora do controle consciente do indivíduo. Sempre que o psiquismo mobiliza uma defesa intrapsíquica é porque de alguma forma há material excluído tentando vir à tona. A defesa intrapsíquica deve ser entendida como uma reação de alarme do psiquismo e, portanto, de superaquecimento. E, como já disse exaustivamente, não adianta fazer psicoterapia num cliente superaquecido. Nesta situação deve-se lançar mão de algum procedimento de desaquecimento, para que numa situação normal se possa pesquisar qual o material (sentimentos, intenções, percepções ou pensamentos) que deu origem à mobilização da defesa.

Gosto de fazer uma comparação da defesa intrapsíquica com um jogador de futebol de várzea. O jogador da defesa tem o costume de deixar passar a bola mas impedir a passagem do jogador atacante. Comparo a bola à angústia e o jogador atacante ao material excluído. Portanto, a defesa intrapsíquica deixa passar a angústia mas retém o material excluído de modo que ele não fique consciente. As defesas intrapsíquicas aparecem normalmente na vida e na fase das divisões internas elas tendem a aparecer no *setting* terapêutico. A mobilização da defesa no contexto terapêutico emperra o curso da abordagem terapêutica e às vezes pode até emperrar o processo da psicoterapia. Nem sempre é fácil a identificação de uma defesa intrapsíquica instalada no *setting*.

Esta instalação de uma defesa intrapsíquica no *setting* produz uma situação peculiar na relação cliente-terapeuta. O terapeuta percebe e sente que existe uma angústia mobilizada e internalizada no cliente, que existe material passível de ser trabalhado mas não encontra a forma de abordar este material. Gosto de comparar com um novelo de lã onde não se encontra a ponta para poder desenrolar. É uma sensação típica de defesa instalada no *setting*, independente de qual o tipo de defesa intrapsíquica. A tendência do terapeuta menos avisado é começar a se questionar como se ele é que não estivesse sabendo escolher corretamente o material ou então procurar aquecer o cliente ainda mais para tentar trabalhar alguma coisa. O resultado são cenas frias, ou então sem qualquer significado dentro da dinâmica do cliente, ou então uma sensação de incompetência do próprio terapeuta.

Para se trabalhar uma defesa intrapsíquica é necessário detectar que ela está instalada no *setting*, diagnosticar o tipo de defesa e aplicar as técnicas de manejo das defesas intrapsíquicas. Considero como *defesas intrapsíquicas*, as descritas por Bermudez na *Teoria do Núcleo do Eu* e são: conversivas, fóbicas, de atuação, depressivas, idéias obsessivas e rituais compulsivos.

1 — Defesas conversivas

A *conversão* é uma defesa intrapsíquica estruturada na Área Corpo e que se manifesta por sintomas corporais acompanhados de angústia, sempre desproporcional ao sintoma, e que não obedecem obrigatoriamente aos critérios de inervação do corpo humano. O sintoma conversivo está ligado ao modelo de Ingeridor e tampona material depositado na zona de PCI de Ingeridor. Há conversões dos mais variados graus de intensidade, desde a clássica conversão histérica com paralisia rígida do corpo, com cegueira passageira ou paralisações de membros, até um simples formigamento do dedo, uma palpitação ou leve dor de cabeça. O sintoma conversivo, como o próprio nome diz, *converte num sintoma corporal sentimentos excluídos do conceito de identidade do indivíduo*. Exemplo: L. certa vez comentava, durante a sessão de psicoterapia, a visita que tinha feito à casa de um amigo, muito rico e admirador de arte, coisa que meu cliente, embora menos rico, também admirava. Os comentários foram caminhando de modo que ele começou a pôr defeitos no modo como os quadros dos artistas famosos estavam pendurados na parede, na sua disposição e até mesmo nas molduras. No meio da conversa, mencionei a possibilidade de uma possível inveja em relação ao amigo. Este comentário foi seguido de um forte acesso de tosse do cliente. Foi preciso interromper a sessão para trazer um copo de água para que conseguisse engolir (refez com isto o papel psicossomático de ingeridor), e acalmar a tosse. Após a crise ele voltou a me perguntar sobre o que é mesmo que estávamos conversando. Eu disse então que estávamos conversando sobre a inveja que ele sentia em relação ao amigo. Esta comentário foi seguido por uma nova crise de tosse, mais branda que a primeira. Após a crise, meu cliente conseguiu finalmente assumir seu núcleo de inveja, não só em relação ao amigo mas em muitas outras circunstâncias. A partir daí a tosse sumiu. Esse é um caso típico da defesa conversiva. Se não tivesse sido trabalhada, provavelmente ficaria simplesmente como um acesso de tosse e o material depositado (inveja) continuaria excluído do conceito de identidade do cliente. As defesas conversivas são as mais fáceis de trabalhar quando surgem no contexto psicoterápico, obviamente desde que o cliente conte o que está sentindo.

2 — Defesas fóbicas

A defesa intrapsíquica fóbica é uma defesa estruturada na Área Ambiente e ligada ao modelo de ingeridor, tamponando material depositado na zona de PCI de ingeridor. Consiste em um *afastamento do indivíduo de determinados ambientes onde estão projetados sentimentos e desejos excluídos, impedindo assim um contato com estes sentimentos e desejos (percepção).* O indivíduo projeta em pessoas ou situações externas, desejos e sentimentos internos excluídos do conceito de identidade, e depois se afasta de maneira súbita e angustiada destas pessoas e situações de modo a fugir dos próprios desejos projetados. Não confundamos a defesa fóbica com os medos, que são sensações internas: a defesa é uma fuga de algo projetado. Também não confundamos com as fobias, que são deslocamentos de situações proibidas para determinados objetos, animais, etc. e ligadas ao modelo de urinador. A defesa fóbica faz com que o indivíduo se distancie física e/ou emocionalmente de determinadas situações ou temas que mobilizariam material depositado na zona de PCI de ingeridor. O reconhecimento da defesa fóbica no *setting* terapêutico é feito freqüentemente pelas sensações do terapeuta. Ele começa a sentir sono, desatenção e até mesmo um certo torpor frente ao discurso do cliente. O cliente com defesa fóbica no *setting* passa uma sensação de ausência, de não estar presente na sessão. O corpo está presente mas os sentimentos estão ausentes, muito longe. Esta sensação de ausência causa o sono e o torpor no terapeuta. É um discurso vazio de emoções embora possa até ter conteúdos importantes. Mas, como em todas as defesas intrapsíquicas "é impossível achar a ponta do novelo para desenrolá-lo". Muitas vezes a defesa fóbica se manifesta por faltas à sessão, atrasos freqüentes, aparecimento de material importante no fim da sessão ou mesmo quando já terminada a sessão. É um processo incontrolável e do qual o próprio cliente é pouco consciente. Aparece um esvaziamento da sessão, como se não houvesse mais nenhum assunto a ser tratado na psicoterapia. Muitas vezes o terapeuta confunde este "esfriamento" (distanciamento da emoção) com falta de aquecimento. Ao contrário, o "esfriamento "no caso é uma situação de superaquecimento e não de desaquecimento. Costumo comparar a defesa fóbica no *setting* a um invólucro frio e inerte que envolve um vulcão muito quente. Ela amortece os sentimentos superaquecidos do mundo interno.

3 — Defesas de atuação (psicopática)

É uma defesa intrapsíquica estruturada na Área Ambiente e ligada ao modelo de defecador, tamponando material depositado na zona de PCI de defecador. Embora Bermudez tenha nomeado esta defesa de psicopática no Núcleo do Eu, prefiro chamá-la de defesa de atuação para diferenciá-la dos quadros psicopáticos da psicopatologia clássica. A defesa de atuação *consiste em criar uma situação frente ao ambiente externo, para que este expresse para o indivíduo pensamentos e sentimentos projetados no mundo externo*. O indivíduo projeta nas pessoas ou situações, pensamentos e sentimentos dele próprio que estão excluídos do conceito de identidade e cria uma situação para que a pessoa ou a situação em questão expresse, verbalize ou de qualquer maneira assuma estes pensamentos e sentimentos. Desta forma ele consegue que tais sentimentos e pensamentos fiquem com o outro e não com ele. Por exemplo, um cliente "pão-duro" que quer um desconto na sessão de terapia mas cujo conceito de identidade é o de generoso e desligado de dinheiro. Ele tenta criar uma situação (atuação) que force o terapeuta a admitir que ele, terapeuta, tem uma relação de apego com o dinheiro ou então, para fugir dela, demonstrar que é desligado do dinheiro, dando o desconto, sem que o cliente tenha, em nenhum momento, pedido tal desconto. Ele "forçou" uma situação e o pão-durismo ficou com o terapeuta e não com ele. Desta forma, a defesa de atuação cria um clima de tensão nas relações interpessoais e muitas vezes cria malentendidos e situações muito complicadas de serem esclarecidas, mas consegue impedir que o cliente seja obrigado a entrar em contato com o material excluído e, assim, questionar o seu conceito de identidade. Quando a defesa de atuação se instala no *setting*, o terapeuta tem — além da clássica sensação de ter material para trabalhar mas não achar a "ponta" por onde começar — a sensação de que o cliente está de alguma forma colocando em sua boca determinadas frases, ou colocando determinados pensamentos em sua cabeça, sentimentos em seu coração e até mesmo intenções nas suas atitudes, que são do cliente e não dele, terapeuta.

O terapeuta sente claramente que o cliente deseja — sem contudo se expressar claramente — que o terapeuta assuma como seus determinados sentimentos, pensamentos, percepções e intenções que não são dele. É uma sensação de estar sendo invadido.

4 — *Defesa depressiva*

É uma defesa estruturada na Área Mente e ligada ao modelo de defecador. Tampona material depositado na zona de PCI de defecador. Bermudez chamou esta defesa de depressiva, mas eu gostaria de esclarecer que a defesa depressiva é apenas o mecanismo mental de questionamento e elaboração improdutivos encontrado nos quadros depressivos. Não confundir uma defesa depressiva com um quadro de depressão.

A defesa depressiva é um mecanismo mental de autoquestionamento e pseudo-elaboração improdutivo, pois não conclui nada. Costumo comparar a defesa depressiva a um carro num atoleiro. O motor funciona, gasta combustível, faz barulho, as rodas giram, mas o carro não sai do lugar. É um processo de pensamento que não se finaliza e não conclui absolutamente nada, pois sua única função é criar uma barreira mental para impedir que o material depositado na zona de PCI de defecador venha ao nível consciente. Percebe-se claramente a defesa depressiva instalada no *setting* pois o cliente é capaz de falar a sessão inteira, dando a impressão de estar elaborando algo, mas quando se chega ao final e se tenta avaliar o que foi dito, conclui-se que não foi dita nem elaborada coisa alguma, saindo o cliente da sessão da mesma forma que entrou. Freqüentemente a defesa depressiva fica acoplada a um clima de apatia, um tom monótono, e às vezes até de desânimo, o que acaba sendo confundido com depressão.

5 — *Defesa de idéias obsessivas*

É uma defesa estruturada na Área Mente e ligada ao modelo de urinador. Tampona material depositado na zona de PCI de urinador. Também é um mecanismo mental que cria uma barreira de pensamentos cuja função é impedir que se tornem conscientes desejos e vivências excluídos do conceito de identidade e depositados na zona de PCI de urinador. As idéias obsessivas mais comuns são pensamentos ligados ao cotidiano que invadem a cabeça e ficam presentes de forma persistente causando desatenção e dificuldade de concentração e que não trazem qualquer tipo de conclusão lógica ou elaboração importante. São, como os pensamentos da defesa depressiva, totalmente improdutivos.

Por exemplo, ficar dias e dias pensando no discurso que gostaria de fazer ao chefe pedindo aumento, discursando mentalmente, mudando frases, estruturando o texto, ensaiando as respostas, etc., ou pensar dias e dias o discurso que faria se fosse eleito presidente da República, sem que haja o menor indício de que isto vá acontecer nem a curto, médio ou longo prazo. Às vezes é uma musiquinha que fica sendo cantada mentalmente, ou contar mentalmente ou somar os números das chapas dos automóveis, etc., e outras centenas de pensamentos persistentes e improdutivos que dão a sensação de que o indivíduo está realizando algo, quando na verdade a função destes pensamentos é exatamente a oposta, isto é, não planejar e realizar nenhuma ação ligada a material excluído. A defesa obsessiva no *setting* se caracteriza por um relato insistente e minucioso das situações ocorridas durante a semana sem entretanto nenhuma ponderação ou questionamento em relação a isto. É simplesmente o relato do ocorrido. É um repetir com palavras diferentes o já exaustivamente comunicado, como se fossem capítulos repetitivos de uma mesma história. Na defesa depressiva temos um processo de pensamento improdutivo que não chega a lugar nenhum; no caso da defesa obsessiva, temos um pensamento improdutivo que roda, roda e chega sempre às mesmas conclusões e ao mesmo lugar.

É uma defesa difícil de ser detectada, pois muito freqüentemente o cliente a encobre por vergonha de pensamentos tão "bobos" ou por julgar que estes pensamentos não são importantes para a terapia. É mais fácil detectar o aparecimento da defesa obsessiva ligada à insônia, quando o cliente relata que fica acordado, sem conseguir dormir porque fica pensando nas situações do cotidiano ou que vão acontecer de forma persistente, como se fosse um "cineminha" dentro da cabeça. Ou então, em longos devaneios com temas semelhantes.

6 — Defesas de rituais compulsivos

É uma defesa estruturada na Área Corpo e ligada ao modelo de urinador. Tampona material excluído depositado na zona de PCI de urinador. Os rituais compulsivos são ações desprovidas de qualquer característica lógica e que muitas vezes podem até ser realmente bizarras e cuja função é impedir ações que realizem desejos ligados a material excluído. O ritual compulsivo desloca ou anula a ação que iria acontecer, ligada a desejos e necessidades proibidas (excluídas do conceito de identidade) para ações improdutivas e desprovidas de significado lógico. Desta forma o indivíduo não consegue entrar em contato com o material excluído e ao mesmo tempo descarrega momentaneamente a tensão acumulada dentro do psiquismo. Os rituais compulsivos são muitas vezes encarados como manias, excentricidades ou até mesmo características metódicas de um indivíduo, tais como levantar no mesmo horário, andar pelas mesmas ruas, colocar o relógio sempre no mesmo lugar, tomar banho sempre da mesma maneira, ter rituais de alimentação etc. Como também o clássico "bater na madeira" para evitar inveja ou para anular um pensamento mau até rituais extremamente complexos envolvendo evacuação, micção, rituais sexuais, etc. Todos esses rituais são defesas intrapsíquicas que estão "protegendo" o conceito de identidade, para que não seja frontalmente confrontado com desejos, pensamentos, sentimentos, percepções e intenções ligadas a material depositado na zona de PCI. Os rituais compulsivos são mais freqüentemente relatados nas sessões de psicoterapia do que realmente acontecem no *setting*. Quando aparecem no *setting* geralmente vêm em forma branda e muitas vezes imperceptíveis, a não ser que o cliente nos conte que aquele tamborilar de dedos é na verdade para contar até 10 várias vezes, ou que usar sempre determinada cadeira é para evitar que "minha mãe morra", ou que pegar lenços de papel, e dobrá-los faz parte de um impulso irresistível, etc.

É mais difícil perceber os rituais no *setting*, pois a sessão de psicoterapia tem, pelo próprio enquadre, uma característica ritualizada e muitas vezes o ritual da sessão se transforma em um ritual do próprio indivíduo.

Manejo psicoterápico das defesas intrapsíquicas

Uma vez detectada no *setting* uma defesa intrapsíquica, que é um processo inconsciente e fora do controle da vontade do cliente, nosso objetivo não é atacar a defesa e sim tentar descobrir o material excluído que está tamponado pela defesa. Embora a defesa intrapsíquica seja um empecilho para o andamento da psicoterapia, ela é uma proteção para o conceito de identidade do cliente. Como já disse anteriormente, o aparecimento da defesa intrapsíquica configura uma situação de alarme e, portanto, de superaquecimento do psiquismo. Para retornar ao aquecimento normal da psicoterapia, precisamos utilizar técnicas de desaquecimento que possibilitem desmobilizar a defesa e com isto fazer emergir o material tamponado.

Existem várias formas de desaquecer o cliente e de manejar as defesas intrapsíquicas. Algumas delas são:

1 — Cliente como observador

Neste caso colocamos o cliente no papel de observador para que ele possa, avaliar melhor o que está acontecendo dentro de si mesmo. Numa cena de psicodrama existem sempre três papéis para serem jogados, *o de emissor, o de receptor e o de observador*. No papel de emissor o cliente está jogando o seu próprio papel e, pois, bastante aquecido. No papel de receptor, está tentando identificar-se com o outro. Logo, sua atenção está desfocada de si mesmo. No papel de observador, ele tem a chance de observar "de longe" como ele próprio se comporta, como o outro se comporta e a relação entre ambos. A posição de observador é a mais desaquecida da cena e também onde se mobiliza a maior quantidade de parte sadia do psiquismo (área forte). Quando aparece uma defesa intrapsíquica durante uma dramatização ou mesmo durante uma entrevista, coloca-se o ego-auxiliar para repetir a cena enquanto o cliente observa e passa a ser entrevistado pelo terapeuta para, uma vez desaquecido, tentar identificar o material encoberto.

2 — *Aumento da autocontinência*

Outra forma de desaquecer o cliente é aumentar o poder de autocontinência da área em que a defesa foi mobilizada. Desta forma, pode-se trabalhar melhorando a parte sadia da área em questão e com isto o cliente conseguir assimilar melhor o material que está sendo mobilizado. Por exemplo, no caso das defesas conversivas e de rituais compulsivos, ambas da área corpo, podemos fazer algum tipo de trabalho que melhore a capacidade de sentir e de agir corporalmente do cliente, tal como jogos corporais, massagens, sensibilização corporal, toques corporais etc. O cliente entra em maior intimidade com o sentir e com o agir corporalmente e com isto vai "perdendo o medo" de sentir e agir até conseguir identificar o material encoberto. No caso das defesas fóbicas e de atuação, ambas ligadas à área ambiente, podemos fazer algum tipo de trabalho que melhore a capacidade de percepção do cliente em relação aos outros e em relação a si mesmo. Podemos utilizar jogos que melhorem a capacidade de percepção, tais como, átomo familiar, átomo social, entrevista de personagens, jogos da verdade e suas variantes, etc. Ao melhorar a capacidade de percepção do cliente ele começa a ficar mais apto a perceber o material encoberto, seja em relação a si mesmo ou ao outro. No caso das defesas depressivas e de idéias obsessivas, ambas da área mente, podemos utilizar algum tipo de trabalho que exercite a capacidade de explicações e de raciocínio do cliente. São jogos explicativos e muitas vezes é importante algum esclarecimentos técnico sobre o quadro psicopatológico que o cliente está trabalhando, a função da defesa e até os possíveis materiais que podem estar encobertos. Desta forma o terapeuta estimula a capacidade de raciocínio do cliente para que este possa "pensar sobre o que ele teme pensar".

Esses tipos de manejo são mais adequados a psicodrama de grupo e principalmente quando se instalam as defesas grupais. Defesa grupal é o nome que dou quando o grupo entra numa situação específica em que a maioria dos integrantes mobilizam a mesma defesa intrapsíquica. São difíceis de serem trabalhadas, pois o grupo cria uma espécie de cumplicidade e não deixa o material encoberto vir à tona.

3 — *Jogos dramáticos*

Os jogos dramáticos criam uma situação de espontaneidade que desaquece bastante o cliente, principalmente o teatro espontâneo. É mais fácil trazer à tona material excluído como sentimentos, pensamentos, percepções e intenções no papel de um personagem do que no de si mesmo. No nível lúdico o material excluído aflora sempre de forma mais fácil. Este é um trabalho basicamente utilizado no psicodrama de grupo.

4 — *Espelho que retira*

É uma técnica desenvolvida por mim e que utilizo no trabalho do psicodrama bipessoal. É a técnica de escolha para se trabalhar com defesas intrapsíquicas instaladas no *setting*. Comparo a defesa intrapsíquica a um escudo que o cliente usa para se proteger. Na medida em que o terapeuta retira este escudo o cliente coloca outro, que o terapeuta também retira e o cliente coloca outro e assim por diante. Entre o terapeuta retirar um escudo e o cliente colocar outro se vislumbra a parte do corpo que esta sendo protegida. No *setting*, o escudo é a conversão, a postura e o discurso fóbico, o discurso e atitude de atuação, o discurso depressivo e de idéias obsessivas e os rituais compulsivos. E o "retirar o escudo" é feito pela técnica do espelho, onde o terapeuta passa a fazer o papel do cliente com a defesa intrapsíquica mobilizada. Desta forma o cliente fica momentaneamente sem o seu papel, dado que o terapeuta se apossou dele e a conseqüência é o cliente mobilizar um novo papel ligado que vai sendo gradativamente ligado ao material excluído. Tecnicamente o espelho que retira é feito da seguinte forma:

Quando o terapeuta identifica uma defesa intrapsíquica no *setting*, ele interrompe o discurso do cliente, ou a atitude em questão, ou o ritual, ou a conversão e toma o papel do cliente colocando uma almofada no papel de terapeuta e repete o mais fielmente possível o acontecido. Desta forma o cliente fica na posição de observador com a recomendação de que permaneça o mais solto possível, e simplesmente deixe vir à tona quaisquer tipos de associações ou lembranças, pensamentos, sentimentos, que venham à cabeça. Uma vez terminado o discurso o terapeuta questiona o cliente sobre as lembranças e associações que ocorreram para, em seguida, colocar de novo o cliente no papel de observador e repetir novamente o espelho. E assim por diante durante a sessão toda ou até que surja o material que está encoberto. O espelho que retira pode ser usado a sessão toda ou durante várias sessões, dependendo do grau de intensidade da defesa mobilizada. Esta técnica entra em contato com os determinantes psíquicos descritos por Freud e é uma ampliação do trabalho de livre associação utilizado na psicanálise. É uma técnica extremamente valiosa, pois permite colocar o cliente no papel de observador sem a necessidade de montagem de cena nem de ego-auxiliar. Tenho usado esta técnica para o manejo das defesas intrapsíquicas, para algumas situações de superaquecimento e também em quadros psicóticos com delírio, alcançando resultados.

Uma vez identificado o material encoberto, a defesa intrapsíquica é desmobilizada e o material excluído começa a se tornar consciente. A seqüência é a identificação das figuras de mundo interno que impedem a incorporação deste material no conceito de identidade e finalmente o enfrentamento das figuras de mundo interno com a assimilação do material excluído para dentro do POD.

B — DEFESAS CONSCIENTES

Dentre os impedimentos que ocorrem durante o processo de psicoterapia as defesas conscientes vão merecer uma atenção especial. No início da psicoterapia é comum que o cliente deixe de mencionar determinados fatos, vivências, pensamentos, sentimentos, fantasias, etc. por medo de censura, vergonha, falta de confiança em relação ao terapeuta ou em si mesmo. Isto não é encarado como defesa consciente, mas sim como uma fase de depositar conteúdos no contexto psicoterápico. Durante a fase de questionamento também existe um processo de evitação mais ou menos consciente de tocar em determinados aspectos carregados de angústia e que vão permitir sair do material justificado e começar a mobilizar o material excluído depositado nas zonas de PCI. Não caracterizo esta fase como defesa consciente, pois o cliente quer entrar em contato com o material mas tem muito medo, ou não consegue.

Durante a psicoterapia vão aparecer determinados tipos de material, consciente, que o cliente deliberadamente sempre ''esquece'' de trazer para o terapeuta. Existe a consciência de que são vivências importantes e que devem ser levadas ao terapeuta, assim como existe a consciência de que sempre são ''esquecidos''. ''Preciso levar este assunto na terapia qualquer hora'', ''Isto é importante, não posso esquecer de levar para a terapia'', ''Esqueci de novo de contar isto na terapia, na próxima sessão não posso esquecer'', etc. Com o passar do tempo o cliente vai percebendo que ele não está esquecendo de levar este material na terapia, e sim, que ele não quer levar este material para a terapia. Neste momento estamos diante de uma defesa consciente. O fato de não levar este determinado material para o contexto psicoterápico pode ser resumido em uma frase: ''Preciso levar para a terapia, mas não quero''. O não querer está ligado a um medo intuitivo de que uma vez abordado este material o cliente está abrindo caminho para modificações irreversíveis que repercutirão não só em nível de mundo interno mas também e principalmente em nível de mundo externo.

A defesa consciente é um processo de evitação deliberada do cliente de abordar determinados materiais na psicoterapia, por um medo

*intuitivo de que uma vez abordado ele vai se encaminhar para modifica-
ções irreversíveis tanto de mundo interno como de mundo externo.*
Desta forma, apesar de o cliente saber nitidamente que abordar o
material evitado é caminhar em direção à saúde, ele também *sente* que
está indo em um caminho irreversível de modificações que vão repercu-
tir no seu mundo externo. Nesta situação o cliente rompe a aliança terapêutica e passa a esconder este tipo de material do terapeuta. Geralmente as defesas conscientes ocorrem após a fase das divisões internas e precedem a fase dos vínculos compensatórios. Portanto as vivências evita-
das são de caráter profundo e na maioria das vezes abrem caminho para
a avaliação dos vínculos compensatórios. É uma fase em que temos pela frente um cliente colaborador, que já trabalhou bastante na
psicoterapia.
Aliança terapêutica é a aliança que ocorre entre a parte sadia do
cliente e o terapeuta, para juntos trabalharem e tratarem da parte doente do cliente. Quando esta aliança se rompe o terapeuta fica frente a frente
com a parte doente do cliente, sem o auxílio da parte sadia do cliente.
Temos nesta fase um cliente colaborador que traz material para ser
trabalhado. Mas por mais que o terapeuta trabalhe, fica uma sensação
de que não se atingiu o foco da questão ou então se chega a um material
já trabalhado. O nível de angústia é baixo e a sensação é de que a terapia está para ser terminada. O material que se apresenta para ser trabalhado é material já trabalhado ou até já resolvido. A sensação do terapeuta é a de que apesar de trabalhar, o assunto real não está vindo à
tona, sente que existe algo que não consegue atingir, apesar da aparente
colaboração de o cliente, e chega a começar a questionar a própria com-
petência. O terapeuta não chega ao material evitado porque além de o
cliente não trazer claramente o material ele fornece pistas falsas de modo a desviar o terapeuta do material. O cliente se sente angustiado e incompleto mas não traz o material certo e sim outros materiais para serem trabalhados. Este conjunto de situações caracteriza uma defesa consciente instalada no *setting* da terapia. Não adianta o terapeuta apelar
para a parte sadia do cliente tentando uma aliança, pois ela "está contra" o terapeuta.
A forma de trabalhar a defesa consciente é a de denunciar para o
cliente que há algum tipo de material que está sendo evitado na terapia.
Esta denuncia pode ser feita de maneira direta e muitas vezes se utiliza
o espelho que retira para auxiliar o cliente a tomar conhecimento de que
ele está realmente evitando algo na sessão. A psicoterapia só volta a caminhar na medida em que o cliente decide trazer e deixar o terapeuta
trabalhar o material que estava sendo evitado. A decisão de trazer e de
trabalhar o material evitado pela defesa consciente deve ser do cliente
com pouca ou nenhuma interferência do terapeuta, já que nós, terapeutas, sabemos que este tipo de material abre caminho para mudanças irreversíveis, com um fim previsível nem pelo terapeuta nem pelo cliente.

É uma decisão que deve ser só do cliente e respeitada pelo terapeuta, visto envolver riscos que só o cliente pode assumir. Portanto, o manejo da defesa consciente é o terapeuta estar atento para diagnosticar quando ela está instalada no *setting* e, uma vez diagnosticada, denunciá-la de forma clara para o cliente, de modo que ele possa optar por correr ou não o risco de abordar este material. Se o cliente optar por trazer e trabalhar o material evitado, este material vai ser trabalhado como qualquer outro na terapia. Uma vez que o cliente opte por não abordar, ou abordar e não trabalhar, sua decisão deve ser respeitada, apesar da frustração que isto causa no terapeuta por chegar tão perto de abordar os vínculos compensatórios e não poder ir adiante. Mas, devemos sempre lembrar que a psicoterapia é do cliente e não nossa e que o ônus das mudanças também é do cliente e não nosso. Logo, por mais que isto frustre o terapeuta, ele deve respeitar e não trabalhar este material.

CAPÍTULO XI

VÍNCULOS COMPENSATÓRIOS

Vínculos compensatórios são relações especiais que o indivíduo estabelece com as pessoas ou com coisas, delegando para outras pessoas ou coisas funções psicológicas de cuidado, proteção e orientação que ele deveria ter tido nos seus primeiros dois anos de vida, mas não teve.

O vínculo compensatório tem como função tamponar a zona de PCI excluída da identidade. A zona de PCI excluída da identidade fica como que cristalizada no tempo e guarda os registros cenestésicos do clima inibidor, núcleo de carência, perda de espontaneidade e aflição crônica, tal qual foram sentidos como bebê, pelo indivíduo.

O rompimento ou o desmonte do vínculo compensatório implica na vivência em maior ou menor grau das sensações registradas na zona de PCI.

A zona de PCI, uma vez vivenciada, pode caminhar para ser integrada na identidade, ocorrendo a catarse de integração, mas isto só se torna possível na medida em que não mais exista material depositado na zona de PCI e o conceito de identidade esteja suficientemente fortalecido para esta integração. Caso isto não aconteça ela deve ser novamente tamponada por outro vínculo compensatório.

Os vínculos compensatórios estão presentes o tempo todo da psicoterapia e só podem ser desmontados no final do processo, quando abrem caminho para a catarse de integração.

O vínculo compensatório, além de ser um vínculo de dependência é sempre um vínculo insatisfatório, pois o outro ou as coisas não assumem — ou assumem de forma inadequada para o indivíduo — a responsabilidade pelas funções delegadas. Embora a fase dos vínculos compensatórios seja a última fase da psicoterapia, o manejo dos vínculos compensatórios acontece em qualquer das fases da terapia e segue algumas diretrizes.

MANEJO DOS VINCULOS COMPENSATÓRIOS

1 — Clareamento da dependência e da função delegada

O clareamento da dependência e da função delegada pode e deve ser feito em qualquer época da terapia em que surjam queixas ou reclamações envolvendo as pessoas ou as coisas que são objeto do vínculo compensatório. A tomada de consciência das suas dependências e das funções delegadas ajuda o cliente a diminuir a cobrança que faz com as pessoas que espera que assumam a função delegada. O cliente freqüentemente interpreta como falta de afeto, rejeição, descaso, má vontade, etc., quando o outro não se responsabiliza pela função delegada. A tomada de consciência da dependência e da função delegada alivia o cliente, pois este percebe que o outro não tem obrigação nem pode assumir estas funções. Embora o cliente não esteja — principalmente no início da terapia — em condições de assumir as funções delegadas, a sua conscientização possibilita que ele comece a reunir a parte sadia para que isto possa ocorrer posteriormente. Portanto, o clareamento da dependência e da função delegada tende a melhorar a qualidade das relações do cliente para com aqueles que o cercam embora não alivie a sensação de falta e a necessidade que outro assuma a função delegada por ele.

2 — Rompimento do vínculo compensatório na vida

É quando a pessoa ou as coisas que o indivíduo escolheu para projetar a função delegada, por qualquer motivo deixa de existir ou se torna impossível. Por exemplo, uma separação, morte, mudança de cidade, estado ou país, quando relacionado a pessoas e doenças, ordens médicas, impossibilidades sociais, profissionais, etc., quando relacionado a coisas. São sempre situações em que o rompimento se dá por uma necessidade e não pela vontade do indivíduo. O rompimento de vínculo compensatório faz emergir a zona de PCI que estava tamponada por ele fazendo com que o cliente entre em contato com as sensações registradas na zona de PCI, sem ter preparo psicológico para isto. O psiquismo só está preparado para integrar a zona de PCI na identidade depois da reformulação do conceito de identidade e portanto de não haver mais material depositado na zona de PCI. A vivência dos climas afetivos registrados na zona, sem que o POD esteja em condições de absorvê-los, é desesperadora e o cliente tende a pensar no suicídio como forma de alívio para esta sensação. A postura terapêutica é de continência afetiva, dada pelo clima terapêutico, clareamento da situação e tentativa de vincular as sensações que estão sendo vivenciadas pelo cliente com as sensações que ocorreram em sua primeira infância. Essa vinculação é difícil pois o cliente tende a interpretar sempre que é uma sensação do presente ligada à perda da pessoa ou da coisa com a qual mantinha o vínculo compensatório. Muitas vezes se utiliza medicação ansiolítica e hipnótica para sedar a angústia e algumas vezes medicação antidepressiva, principalmente quando aparece o risco de suicídio. Esta situação vai se acalmando na medida em que o cliente com a ajuda do terapeuta consegue substituir o vínculo compensatório rompido por um outro vínculo compensatório provisório até que se possa atingir o ponto de desmontar o mecanismo dos vínculos simbióticos. Nas situações de crise aguda, muitas vezes o terapeuta tenta substituir provisória e estrategicamente o vínculo rompido, assumindo ele próprio as funções delegadas, para permitir que o cliente se restabeleça o suficiente para buscar uma substituição deste vínculo, na vida.

3 — *Vínculo compensatório com o terapeuta*

Na medida em que o processo de psicoterapia vai se aprofundando, e principalmente após a fase da divisões internas, os vínculos de dependências vão ficando cada vez mais ilógicos e menos suportáveis. Conforme o material excluído vai sendo absorvido pelo POD e o conceito de identidade vai se tornando cada vez mais verdadeiro, o cliente vai se sentindo cada vez mais inteiro e cada vez mais potente em relação à vida. Os vínculos compensatórios (dependências) começam a se tornar impedimentos para a expansão deste indivíduo na vida, nas relações, nos projetos profissionais, sociais, afetivos, etc. Para contornar estes impedimentos, é comum o cliente começar a deslocar o vínculo compensatório das pessoas de sua relação ou das coisas para o *setting* terapêutico. Esse deslocamento do vínculo compensatório para a pessoa do terapeuta ocorre de maneira insidiosa e inconsciente para o cliente. O resultado do deslocamento é que o cliente começa a "romper de maneira muito tranqüila seus vínculos com as pessoas ou com as coisas", "começa a ganhar uma autonomia inesperadamente fácil em relação às suas antigas dependências", criando uma sensação de euforia e sucesso na vida. Embora o cliente consiga com isto se afastar dos seus vínculos de dependências, ele não resolveu esta dependência, simplesmente ele a mudou de lugar. A resolução do vínculo compensatório implica no assumir ele mesmo a responsabilidade da função delegada. Neste caso ele passa a "resolver" suas dependências, passando a responsabilidade da função delegada para o terapeuta. Ao estabelecer o vínculo compensatório no *setting* da terapia, o terapeuta passa a ser o depositário da responsabilidade das funções delegadas. Embora a proposta de relação simbiótica (vínculo compensatório) sempre esteja presente na situação terapêutica é nesta fase que ela realmente se instala no *setting*.

A sensação do terapeuta é de que o processo de terapia está parado e que não tem mais como auxiliar este cliente, ao mesmo tempo que começa a se sentir muito responsável por cuidar, proteger e orientar este cliente em relação a sua vida. O terapeuta passa a se sentir preocupado, não só durante a sessão como fora dela com os encaminhamentos que o cliente deve dar à sua vida. Em outras palavras, *o terapeuta começa a sentir as preocupações, as angústias e as responsabilidades que o cliente deveria sentir, mas que aparentemente não está sentindo.* É claro que o cliente não está sentindo, pois delegou para o terapeuta sentir por ele. Além de a terapia não andar, o terapeuta tende a sentir que a responsabilidade pelo emperramento é dele e não do cliente. O terapeuta começa a ter vontade de evitar este cliente, ou mesmo que ele pare a terapia ou procure outro terapeuta. A proximidade da sessão com o cliente é pesada e aversiva para o terapeuta e são comuns pensamentos do tipo "seria tão bom que fulano faltasse hoje na sessão", "talvez eu devesse convencer este cliente a procurar outro terapeuta", "acho que a terapia terminou e não entendo como ele não pede alta", "não entendo o que este cliente vem fazer na terapia, pois eu não o estou mais ajudando", etc. Uma das características do vínculo compensatório instalado no *setting* é que a terapia não anda, o terapeuta se angustia, o cliente não falta, não se angustia mas cobra resultados, e em hipótese nenhuma pensa ou fala em parar a terapia.

Uma vez detectado o vínculo compensatório no *setting* cabe ao terapeuta, num primeiro momento, o clareamento e a conscientização de que tal evento está ocorrendo no *setting* e que existe uma função delegada para a pessoa do terapeuta. Dito assim, parece mais fácil do que é na realidade, pois, é difícil para o terapeuta identificar o vínculo no *setting*, tal o grau de angústia e responsabilidade que ele começa a sentir em relação ao cliente, assim como é difícil a aceitação desta situação por parte do cliente. Mesmo que o cliente aceite de forma racional a situação denunciada, emocionalmente ele não aceita, pois isto acarretaria que ele deve assumir a função delegada ou então voltar aos seus vínculos compensatórios da vida. Começa a existir uma luta dentro da psicoterapia, com o terapeuta tentando "devolver" para o cliente a responsabilidade do "se cuidar", "se proteger", e "se orientar", ao mesmo tempo que o cliente tenta desesperadamente obrigar que o terapeuta permaneça com a responsabilidade sobre estas funções. Na verdade, o que fica em jogo é com quem vão ficar a angústia e a preocupação relacionadas à responsabilidade sobre a função delegada — com o terapeuta ou com o cliente?

São situações difíceis de serem trabalhadas visto não existir colaboração da parte sadia do cliente (rompimento da aliança terapêutica), — pelo contrário, a parte sadia do cliente trabalha para que o terapeuta continue assumindo a responsabilidade da função delegada.

É uma das grandes dificuldades que acontecem no psicodrama bipessoal, pois até o silêncio do terapeuta pode assumir o significado de cumplicidade ou aprovação. Para manejar o vínculo compensatório no *setting*, precisamos de alguma forma "devolver "a angústia para o cliente, para que num segundo momento ele possa optar por assumir ou não a responsabilidade da função delegada. O manejo técnico que acho mais eficiente é um jogo entre o cliente e o ego-auxiliar no papel de cliente que chamo de espelho que reflete. Na verdade é um jogo entre o cliente e ele mesmo (auxiliado pelo ego-auxiliar) em que o terapeuta tenta fazer com que o cliente cobre dele mesmo as providências e soluções que está delegando ao terapeuta. Desta maneira ele "reflete" a angústia que está jogando no terapeuta para ele mesmo.

Tecnicamente, o espelho que reflete deve começar com o cliente sentado em uma cadeira em frente ao ego-auxiliar (no papel do cliente) também sentado em uma cadeira. O ego faz um resumo das queixas e pedidos do cliente para ele mesmo, interpolando resistências, dirigidas por meio de consignas dadas pelo diretor, em voz alta enquanto dirige a cena. A interpolação permite que não só o ego faça o espelho do que o cliente falou mas, principalmente, formule e cobre do cliente uma solução. Após a resposta do cliente, que normalmente vem com algum tipo de evasiva, são invertidos os papéis e o ego (cliente) repete a resposta do cliente, com as evasivas que foram dadas e formula uma nova interpolação ditada pelo diretor e cobra de novo um posicionamento do cliente, que vai dar uma nova resposta, inverter os papéis, fazer o espelho da fala do cliente, formular nova interpolação e assim por diante, até que o cliente comece a assumir a função delegada. É um jogo difícil de se fazer no bipessoal, pois quando é o próprio terapeuta que está invertendo papel com o cliente existe uma forte tendência de este retirar o terapeuta do papel de cliente, fazendo perguntas para o terapeuta como terapeuta mesmo. O ideal é trabalhar nesta fase com um ego-auxiliar ou então em terapia de grupo, onde alguém do grupo possa fazer o papel de ego-auxiliar. O importante tecnicamente é conseguir que o cliente comece a procurar dentro de si mesmo e formular para si mesmo as propostas de solução para seus próprios pedidos. É uma vivência para entrar em intimidade ele com ele. O nível de angústia é muito alto, pois na medida em que o cliente começa a achar dentro de si mesmo e formular suas respostas ele entra em contato com a zona de PCI e com todas as vivências registradas nela, principalmente o clima inibidor e o núcleo de carência.

Uma vez que o cliente consiga começar a assumir a função delegada inicia-se o processo de desmontar o mecanismo de vinculação simbiótica descrito no capítulo IV deste livro.

CAPÍTULO XII

SAÚDE MENTAL X MORAL

Este é um dos temas presentes durante todo o desenvolver da psicoterapia. É fundamental que o terapeuta consiga se posicionar de maneira bastante clara sobre qual é o seu campo de trabalho, pois saúde mental e moral freqüentemente entram em choque e muitas vezes se tornam opções mutuamente exclusivas.

Entendo a moral como um conjunto de normas, costumes e procedimentos que vigoram em uma sociedade num determinado momento e numa determinada época. Esse conjunto normativo freqüentemente se modifica de sociedade para sociedade e de época em época numa mesma sociedade. A moral é necessária e fundamental para a organização e para o funcionamento dinâmico da sociedade. Quanto mais complexa a sociedade, mais normas são necessárias para se manter o nível de organização social. Embora a moral seja constituída de um código normativo ela é veiculada como se fosse um código consensual. Os principais veiculadores das normas morais são a família, as escolas, as religiões, os meios de comunicação (televisão, rádio, filmes, revistas, jornais, etc.), ideologias, ídolos populares, educação etc. Desta forma a criança vai absorvendo gradativamente os conceitos morais (certo-errado) da cultura e da sociedade em que vive. Esse conjunto conceitual vai sendo registrado no psiquismo organizado e diferenciado (POD) e fica fazendo parte do conceito de identidade desta pessoa como uma cadeia superegóica. Este conjunto normativo, junto com os valores éticos da própria criança, vão ser os responsáveis pela aceitação ou não de sentimentos, vivências, pensamentos e percepções. As vivências aceitas passam a fazer parte do POD e do conceito de identidade. As vivências rejeitadas, ou são justificadas e ficam como contradição do próprio POD ou passam a ser depositadas numa zona de exclusão (material depositado na zona de PCI).

Embora a moral tenha uma função fundamental na organização da sociedade, não é ela que movimenta esta sociedade. Para ficar mais claro vamos entender o funcionamento da sociedade como dois grandes binômios. O binômio do *certo-errado* e o binômio do *querer-poder.*

O binômio certo/errado é o representante da estrutura moral social, serve como um poderoso ponto de referência, para que as pessoas possam orientar seu comportamento, pensamentos e anseios. Passa a ser o referencial do que deve ou não deve ser feito, direcionando desta forma a vontade e a ação do indivíduo. O indivíduo que segue rigidamente os padrões morais deveria ser plenamente ajustado, mas o que vemos é que ele se torna, isto sim, uma pessoa desajustada. É comum a queixa "eu faço tudo certo, sigo todas as normas mas não progrido. As coisas acabam não dando certo, me sinto um peixe fora d'água". Isso é facilmente explicável na medida em que ele não leva em conta o binômio querer/poder.

Esse binômio é o motor de toda a ação do ser humano. O querer/poder não obedece a normas preestabelecidas, visto depender basicamente da vontade e da capacidade que o indivíduo tem de explicitar e impor sua vontade no ambiente externo. É nele que se concentra a força de modificar o previsto e até mesmo o comportamento da própria sociedade. Muitas vezes *eu quero mas não posso ou eu posso mas não quero.* É claro que a pessoa que passa a determinar sua conduta somente pelo binômio do querer/poder passa a ser um indivíduo desajustado, pois acaba por ignorar os princípios da organização social embora possa estar em paz com suas vontades.

A saúde mental é a capacidade de o indivíduo administrar estes dois binômios de modo que possa a todo momento ser o juiz de suas próprias condutas e não um escravo de um conjunto de normas que nem foi por ele inventado. Por exemplo, tomemos o conceito moral "é errado mentir". Esta é uma norma moral que aprendemos desde os primórdios da infância. Não existe a menor dúvida de que mentir é errado, pois é claramente dito nas escolas, na família, nos meios de comunicação, nas revistas infantis, etc. Frente a esta norma o indivíduo emite dois tipos de reação. *Acatar a norma e não mentir ou se opor à norma e mentir.* Em ambas as atitudes o referencial é a norma. As conseqüências disto são, no primeiro caso, a possibilidade de se criar situações embaraçosas e muitas vezes inadequadas. No segundo caso, podem acarretar sentimentos de culpa, vergonha e medo pelo desrespeito à norma. Ao simplesmente ignorar o certo/errado, o indivíduo passa a mentir sem a menor preocupação que não seja com o seu próprio bem-estar. Desta forma o comando não é da norma, mas sim da vontade nua e crua de dizer ou não as coisas que pensa, sente ou percebe. A conseqüência disto é que freqüentemente este indivíduo passa a ser pouco coerente, além de emitir um clima da falsidade que o deixa desacreditado e inadequado frente ao social.

Qual é a maneira de administrar este binômio de forma saudável?

Seria mudar o enunciado da norma para: *é errado mentir, salvo quando eu julgar necessário.* Desta forma passo o comando da minha conduta para o meu bom senso, sem contudo perder de vista a cada momento os padrões morais que regem esta sociedade. Este indivíduo vai poder, ao mesmo tempo, respeitar os padrões morais, mas não vai estar submetido a eles dentro do seu mundo interno. O comando da sua conduta é egóico e não superegóico. Ele não está mais a serviço da moral, mas a serviço de seu próprio bom senso, onde a moral é representada. Passa a utilizar a moral como um elemento a serviço de sua própria adequação. Claro que esta atitude e esta postura são *saudáveis do ponto de vista psicológico mas são imorais do ponto de vista da moral*.

Vou dar um exemplo de uma situação de conflito entre saúde psicológica e moral, que é bastante comum nos consultórios de psicoterapia.

S é uma mulher de 35 anos, que veio ao consultório bastante angustiada porque estava tendo um relacionamento extraconjugal embora gostasse muito do marido e não tivesse a menor intenção de separar-se dele. Considerava seu casamento bom além de ter dois filhos. Sentia muita atração por outros homens, atração esta que era um misto de tesão e de intensa curiosidade em descobrir um novo parceiro, visto que se tinha casado virgem a até então só conhecia seu marido como parceiro sexual. S conta que estava se tornando amarga, irritada e se sentindo muito prisioneira dentro do seu casamento. Via com certa cobiça suas amigas casadas que tinham relacionamentos extraconjugais mas não achava correto tal procedimento. Defendia que era melhor separar-se para poder então satisfazer sua curiosidade. Mas não desejava romper seu casamento. Esta situação foi se agravando até que acabou por ter uma relação com outro homem e estava muito angustiada e culpada em relação ao marido, que não sabia do ocorrido pois S não tinha lhe contado. Analisando até aqui o dilema de S vemos que ela se debate entre sua vontade e uma norma moral aceita por ela, pelo marido e pelo social que condena uma relação fora do casamento. S deixa claro que não aceitaria que o marido tivesse uma relação fora embora não tivesse muita certeza de que isto já tivesse ou não ocorrido. Neste conflito entre vontade e moral S teve de avaliar três opções, que passo a relatar:

1 — S poderia seguir o padrão moral e sufocar suas vontades até que estas passassem para o terreno da fantasia ou fossem sublimadas, passando a se transformar em energia de trabalho. De qualquer maneira haveria um amortecimento do desejo e uma certa amargura e frustração repercutindo no relacionamento conjugal, com reações de hostilidade com o marido e até mesmo com desinteresse sexual, além de outras conseqüências.

S assumiria desta forma uma atitude moral baseada num mecanismo de contenção superegóico. Embora pudesse ficar em paz com seus valores morais estaria cometendo uma violência para com seus sentimentos, com as conseqüências já citadas.

2 — S poderia ter resolvido separar-se do marido, ou mesmo, informá-lo de suas vontades. Poderia com isto criar uma situação dentro da relação do casal que poderia caminhar para uma separação ou então criar uma situação emocional na relação com uma difícil previsão de desfecho. Corre o risco de romper o casamento em nome de algo que pode ser apenas uma aventura. Ou corre o risco de transformar o marido em um cúmplice num problema que aparentemente é só dela. Desta forma agiria dentro dos parâmetros morais. Em nome de não sufocar seu desejo pode pôr em risco o seu segundo desejo que é o de não romper o seu casamento. As conseqüências podem ser a de um arrependimento profundo até uma eventual reconciliação do casal, ou profunda avaliação do casamento. S novamente vai estar em paz com seus valores morais mas, colocou em risco, às vezes bastante sério, seu relacionamento conjugal. O norteador desta atitude seria ainda superegóico.

3 — S acabou por optar por uma terceira solução que foi a de arrumar um jeito de ter uma aventura extraconjugal, mantendo isto em segredo. Desta forma S manteve contacto com seus desejos — ter um relacionamento com outro parceiro e não destruir seu relacionamento conjugal. Ela saiu do referencial certo/errado e acionou o binômio querer/poder. Não perdeu de vista o certo/errado, pois manteve sua aventura de forma clandestina, tendo consciência do julgamento moral do social e do próprio marido. Neste enfoque podemos dizer que S tomou uma atitude psicologicamente sadia de cunho egóico e não superegóico, mas do ponto de vista moral sua atitude é profundamente imoral.

Neste exemplo, podemos ver a importância de o indivíduo reconhecer o binômio certo/errado e o querer/poder. Suas opções vão ser tomadas de forma íntima e individual, mas cabe ao terapeuta poder aceitar que muitas vezes a atitude mais saudável pode conter um certo grau de imoralidade. Claro que este tema é muito polêmico, pois gera uma grande insegurança nos conceitos que organizam a sociedade, e cujo equilíbrio é muitas vezes precário.

Outro exemplo corriqueiro é um com que todos nós de alguma forma já entramos em contacto. É proibido atravessar no farol vermelho. Muito freqüentemente, alteramos esta regra por nossa própria conta e risco para "é proibido passar no farol vermelho salvo quando eu estiver com pressa ou for do meu interesse". "E se for suficientemente esperto para verificar a presença ou ausência de guarda, posso até não levar multa." A obediência ao primeiro enunciado da norma seria uma atitude moral, a segunda já estaria mais de acordo com a realidade dos fatos e é uma atitude baseada no binômio querer/poder, junto com a consciência do certo/errado (não levar multa). Podemos encarar esta conduta como saudável psicologicamente embora, como já disse, imoral.

Quero deixar bem claro neste capítulo que existe uma grande necessidade de o ser humano possuir mecanismos de autocontenção. A moral é um poderoso mecanismo de contenção para uma série de impulsos e desejos do indivíduo. Permite que esta pessoa possa dominar impulsos hostis, destrutivos, que podem pôr em risco sua vida, a dos outros e até mesmo a organização do seu mundo social. O que é ruim no mecanismo de contenção moral é que ele passa a se sobrepor à vontade do indivíduo, causando conflitos profundos em seu mundo interno. De modo que ruim não é o fato de existir o mecanismo de autocontenção, mas o fato de ser um mecanismo rígido que oferece apenas duas opções: acatá-lo ou se opor a ele com a conseqüente sensação de culpa, vergonha e medo.

O mecanismo de contenção mais saudável é o egóico, baseado no bom senso e na avaliação a cada momento de que tipo de conseqüências podem ocorrer na liberação e exteriorização dos impulsos e desejos. Entramos, pois, em contacto com o binômio querer/poder, administrado juntamente com o certo/errado. Desta forma o indivíduo pode saber com antecedência a maior ou menor adequação que a exteriorização das suas vontades pode ocasionar no ambiente externo. Pode assim optar por privilegiar mais suas vontades ou mais os conceitos morais de acordo com seus interesses. Conseqüentemente o indivíduo passa a ser *comandado pelo seu bom senso e não pelos impulsos nem pelas normas morais.*

Gostaria de ressaltar neste capítulo que esse é um dos aspectos que mais cria conflitos no universo psicoterápico. Embora a educação esteja mudando de forma acelerada, o que acho muito bom, as pessoas ainda são criadas com um referencial ilusório do bem e do mal, do mocinho e do bandido, do certo e do errado. Esta educação não prepara o indivíduo para a vida, e sim, cria uma fantasia a respeito de como as coisas deveriam ser e não como as coisas são. Cria uma idéia falsa do ser humano. Na medida em que o indivíduo acredita nesta educação, passa a ter decepções, a ficar chocado, cada vez que entra em contato com o mundo tal qual ele é e não como deveria ser. Este choque se dá principalmente na adolescência, quando se sai do mundo protegido da infância e se começa a entender como o mundo realmente é. Não quero com isto dizer que não se deva preservar valores morais nas crianças, mas, também não se deve supervalorizar a importância do binômio certo/errado. A supervalorização dos conceitos morais, muitas vezes está mais a serviço de dominar a criança do que de desenvolver nela uma consciência social ética e sociométrica de modo a poder avaliar mais corretamente o eu, o tu e o nós em cada uma de suas ações.

Uma ocorrência que vemos claramente, e com a qual todos já entraram em contacto em alguma época da vida é a diferença com que os valores morais são passados para os meninos e para as meninas. Os meninos aprendem desde cedo que existe a moral social do certo/errado e o binômio querer/poder. As meninas são educadas de modo a supervalorizar o certo/errado, dando pouco valor ao querer/poder, o que vai acabar acarretando um moralismo maior nas mulheres do que nos homens. Por exemplo. Imaginemos uma situação em que tanto um menino como uma menina de oito anos foram advertidos na escola por indisciplina e desacato à autoridade da professora. É óbvio que estas crianças vão levar uma bronca dos pais, só que acontece aqui uma diferenciação. No caso da menina, ela vai levar a bronca e vai ouvir que sua atitude foi errada, que ela deve obedecer a professora e que isto não se deve repetir mais. No caso do menino, o mais comum é que ele receba a mesma bronca, mas por trás da bronca vai existir uma outra mensagem implícita não verbal que pode ser: "Viu como meu filho é? Ele não baixa a cabeça para a professora" ou "Moleque tem de fazer bagunça mesmo" — em tom de orgulho e de aprovação. Desta forma, passa-se para o menino uma aprovação implícita do binômio querer/poder.

Desta maneira vemos uma série de situações em que homem e mulher face à mesma situação são repreendidos de forma diferente. As meninas sempre recebem uma admoestação moral de forma mais rígida, enquanto os meninos sempre têm — junto com a admoestação — uma certa conivência. Não é nem um pouco incomum o pai ou a mãe se vangloriar das desordens de seus filhos homens. Lembro-me do relato de um amigo, contando uma grande arte de seu filho de 9 anos, que tinha conseguido a proeza de, com uma espingarda de chumbinho, estourar vários vidros de um apartamento de prédio vizinho. Está claro que o garoto levou uma bronca e um castigo. Também estava claro que seu pai mostrou a inconveniência da sua ação. Mas, também estava claro o tom de orgulho e satisfação na voz do pai ao me relatar tal fato. Todos nós — homens e mulheres, pais ou mães (pois as mulheres são tão ou mais machistas que os homens) — aceitamos melhor o binômio querer/poder para nossos filhos do que para nossas filhas. Esta atitude está sendo revista pela sociedade e tenho a impressão de que caminhamos para uma atitude de maior igualdade no tratamento de meninos e meninas, para que as mulheres possam usufruir, com menos culpa, o binômio querer/poder sem ficarem tão atreladas ao certo/errado.

A modificação de — durante a terapia —, os mecanismos de contenção superegóicos passarem gradativamente para os mecanismos de contenção egóicos, implica obrigatoriamente em uma revisão do código moral (enfrentamento das figuras de mundo interno). Incluo no código moral os conceitos religiosos que, na maior parte das vezes, funcionam como diretrizes morais. É claro que quando falo de conceitos religiosos não estou incluindo aqui o místico, pois este faz parte inerente da estrutura psicológica humana. Já a religiosidade é uma organização social que dá visão e direção ao sentimento místico.

É fundamental, portanto, no desenvolvimento do papel de terapeuta, que este possa adotar uma postura amoral frente às situações terapêuticas, sem com isto perder de vista seus próprios conceitos morais. Quero com isto dizer que quanto mais o terapeuta conseguir se guiar por referenciais egóicos e éticos, mais fácil para ele poder aceitar e proteger seus clientes dos valores morais superegóicos. Isto faz parte dos mecanismos de proteção descritos no capítulo sobre "clima terapêutico" do meu primeiro livro.

Um terapeuta que esteja muito vinculado a valores morais ou religiosos corre o risco de não conseguir aceitar que seu cliente desenvolva conceitos morais diferentes dos dele, passando a fazer parte do arcabouço moral e julgando assim o cliente. Desta forma passa a ter menos continência para com determinadas atitudes e sentimentos do cliente, dificultando a evolução da psicoterapia. O conflito entre a saúde psíquica e a moral foi um dos grandes responsáveis pelo aumento das neuroses, pois a visão do ser humano passou a ser idealizada e foi negada a essência deste próprio homem. Passou-se a criar condições baseadas num mundo *como deveria ser* e não *como é.*

A idealização do homem e das condutas que deveria tomar acabou por se transformar não num objetivo a ser alcançado mas sim, numa regra a ser cumprida, que passou a excluir o homem como ele é. Desta forma, a moral passou a ser um mecanismo repressivo de sentimentos considerados menos nobres e até infames, sem se dar conta de que estes sentimentos são tão humanos como quaisquer outros. Por exemplo, o egoísmo, que sob os conceitos morais é considerado um sentimento danoso, que deve ser combatido, quando visto sem o enfoque moral é um sentimento de autoproteção. Para cuidar de mim mesmo e dos meus interesses necessito de uma cota de egoísmo, caso contrário, passo a cuidar dos outros e do interesse dos outros e não dos meus. É claro que este egoísmo deve ser administrado pelo bom senso (egóico). Assim acontece com outros sentimentos também de autoproteção, tais como a cobiça, a mesquinhez, a usura, o interesse, a ambição, etc., dentro de determinados limites. É baseado na moral e principalmente na tentativa louca de segui-la rigidamente que ganharam tanto terreno a hipocrisia e a dissimulação, criando uma imagem falsa do homem e fazendo-o se distanciar do contato consciente com seus impulsos e seus desejos mais perversos. Desta forma, vamos desembocando para uma tragédia iminente, que é o fato de nos aproximarmos perigosamente de uma constatação de que vivemos e ajudamos a criar uma sociedade cada vez mais neurótica.

NEUROSE — A DOENÇA DO SÉCULO XXI

Ao nos aproximarmos da virada do século, constatamos com bastante otimismo a quase erradicação de uma série de doenças conhecidas. Restam alguns desafios como a AIDS, o câncer, as doenças autoimunes e outras mais. As grandes epidemias ainda acontecem, mais por negligência política ou falta de recursos do que por falta de tecnologia apropriada para combatê-las. Ao mesmo tempo em que nos aproximamos desta situação de saúde, começamos a nos deparar com uma "epidemia" mais ampla, com poucas chances de cura: as neuroses. Não existe no momento nenhuma condição de tratar uma sociedade neurótica. Primeiro porque as psicoterapias são métodos quase artesanais e mesmo as psicoterapias de grupo têm um alcance bastante limitado quando se fala em populações. Segundo, não existem profissionais habilitados em número suficiente para tratar de tanta gente, pois a formação de um psicoterapeuta, embora pareça simples, é muito complexa e demorada, dependendo de alterações profundas na personalidade deste indivíduo. Vemos uma doença que se alastra de forma geométrica e que vai contaminando todos os setores sociais sem nenhuma previsão de tratamento eficiente.

Na medida em que a neurose aumenta e existe falta de tratamento, as pessoas tendem a procurar alívio para suas angústias pelo caminho mais fácil e que possa propiciar alívio imediato. Isto fica mais claro quando notamos que a curva de aumento das neuroses é proporcional ao aumento da curva de consumo de drogas e das buscas místicas. O ser humano médio, que não tem acesso aos processos de psicoterapia, mas que sofre de neurose, acaba sendo obrigado a procurar alívio nas drogas, tanto as médicas como os tranqüilizantes e antidepressivos, como nas drogas não médicas como a maconha, cocaína, heroína, etc. Ou então vai procurar auxílio em alguma resposta mística que lhe dê alguma explicação para suas condutas ou sentimentos. Com isto procura uma resposta externa que complete o seu conceito de identidade ou dê alguma solução para seus conflitos neuróticos ou mesmo a ilusão de poder empurrá-los rumo a uma possível resolução futura.

Vemos uma explosão de misticismo, já que as religiões convencionais estão cada vez mais falidas. Isto também nos parece compreensível, dado que as religiões convencionais foram as responsáveis pelo direcionamento do homem e das aplicações para suas angústias e anseios. Ao mesmo tempo em que aliviavam os sintomas neuróticos, passaram a ser seus principais formadores. Não se contentaram em oferecer uma saída mística para o homem mas, normatizaram e idealizaram o seu comportamento tentando sufocar seus impulsos agressivos e sexuais, assim como seus sentimentos de mesquinharia, egoísmo, inveja, ciúmes, cobiça, etc. Na medida em que propuseram e aplicaram esse sufocamento, fizeram com que o ser humano se tornasse menos humano e passasse a sentir culpa e vergonha de si mesmo, e principalmente não aprendesse a lidar com estes impulsos e sentimentos de forma adequada. Desta forma as religiões saíram de uma posição mística para exercer um patrulhamento moral, que foi, no meu entender, um dos grandes causadores da disseminação das neuroses. Hoje o ser humano se volta de maneira bastante forte para os aspectos místicos, ao mesmo tempo que se afasta das religiões tradicionais. As linhas místicas atuais como a astrologia, quiromancia, umbanda, tarôs, búzios, numerologia, etc. passam a oferecer uma diminuição do sofrimento, sem se outorgarem o direito do julgamento moral. Vemos, por exemplo, ao analisar os deuses africanos, ou gregos e romanos, que são deuses próximos do ser humano. Esses deuses competem, são invejosos, vingativos, traidores e egoístas, ao mesmo tempo que leais, bondosos, generosos e complacentes. Eles são inspirados no ser humano e não num modelo moral rígido. Mostram, isto sim, um modelo de convivência entre si.

Desta forma, vejo com pessimismo qualquer tentativa de tratamento das neuroses neste século em que vivemos, mas vejo também com certo otimismo que se conseguirmos modificar esta rigidez moral, poderemos voltar a criar gerações mais saudáveis, que possam encarar o ser humano como ele é e não como deveria ser. Se conseguirmos isto, dentro de algumas gerações poderemos ter uma sociedade menos neurótica. O que vai resolver a neurose em nível de populações é, a meu ver, a eliminação de suas causas. Na medida em que pudermos modificar a mentalidade dos pais, dos educadores, dos meios de comunicação de massa e abrandar sua fúria moral, de modo que a moral veiculada passe a ser mais próxima do ser humano como ele é, poderemos criar gerações menos hipócritas e dissimuladas e também menos conflitadas entre o como é e o como deveria ser. Desta forma, poderemos ainda no século XXI diminuir a cota neurótica da sociedade.

GLOSSÁRIO

ACOMODAMENTO PSICOLÓGICO

Estado psicológico em que o processo de busca está bastante abrandado e conseqüentemente também a angústia. Para se conseguir o acomodamento o psiquismo exclui da identidade as zonas de PCI, exclui do conceito de identidade o material que confronta este conceito e justifica o material que confronta apenas de maneira branda o conceito de identidade.

ÁREAS

São partes do psiquismo responsáveis por determinadas funções. Área Mente (processos do pensar e do explicar), Área Corpo (processos do sentir) e Área Ambiente (processos da percepção em relação a si mesmo e ao outro). Estão intimamente ligadas ao desenvolvimento dos modelos e passam a não ter uma delimitação clara quando o modelo teve falhas no seu desenvolvimento.

BLOQUEIO DA ESPONTANEIDADE

Na medida em que o modelo psicológico não terminou seu desenvolvimento e ficou com um clima inibidor registrado junto a ele, o indivíduo passa a *não se sentir espontâneo cada vez que mobiliza este determinado modelo*. Esta espontaneidade só vai ser resgatada quando houver a catarse de integração. Existe uma espontaneidade que pode ser desenvolvida, que é a respeito do como se comportar. Um indivíduo pode desenvolver um comportamento espontâneo, na medida em que vence suas censuras internas, mas isto não implica que possa se sentir espontâneo.

CADEIA SUPEREGÓICA

É o conjunto normativo incorporado que se entrelaça entre si, formando um modelo de comportamento para o indivíduo. É o encadeamento formado entre as FMI.

CATARSE DE INTEGRAÇÃO

É o resgate e integração da zona de PCI dentro da identidade do indivíduo.

CLIMA FACILITADOR

São os climas afetivos favoráveis que a criança recebeu nos dois primeiros anos de vida e colaboraram no desenvolvimento harmônico dos modelos psicológicos. Os climas facilitadores podem ser resumidos como climas de aceitação, proteção e continência em relação à criança.

CLIMA INIBIDOR

São os climas afetivos desfavoráveis que a criança recebeu nos seus primeiros dois anos de vida e que colaboram para o não desenvolvimento harmônico dos modelos psicológicos. O clima inibidor fica registrado no modelo e incorporado no psiquismo. No POD ele sofre as transformações por que o indivíduo passa pela vida e fica como um "pano de fundo". Na zona de PCI ele fica registrado como foi vivido pelo bebê. Os climas inibidores mais comuns são os de *abandono, rejeição, hostilidade, medo* e *ansiedade*.

CLIMA TERAPÊUTICO

É o clima afetivo que o terapeuta precisa emitir para criar condições para o estabelecimento do vínculo terapêutico. O clima terapêutico é de responsabilidade exclusiva do terapeuta e é um clima de *aceitação, proteção* e *continência*. O clima terapêutico é a base de sustentação do processo de psicoterapia.

CONCEITO DE IDENTIDADE

É o conceito que o indivíduo tem dele próprio, dos outros e do mundo em geral. O conceito de identidade é consciente, está registrado no POD e sofre influência direta das FMI e da cadeia superegóica. Chamo de conceito de identidade vigente na medida em que o material excluído não faz parte deste conceito e o indivíduo acha que ele e os outros "são como deveriam ser". Quando o indivíduo consegue resgatar o material excluído o conceito de identidade fica completo, ele e os outros passam a "ser como são".

CONFLITO

É a situação intrapsíquica que acontece quando o cliente está numa situação em que existe um *conteúdo* (ligado a um desejo) para ser descarregado e um *impedimento* (ligado ao FMI) que impede esta descarga. O impedimento é expresso por uma sensação física tal como um crispar de mãos, tontura, travar a boca, fechar os braços, paralisar o corpo, etc.

DEFESA CONSCIENTE

É uma forma subconsciente de evitação de determinado material no processo de psicoterapia, material que o cliente intui que se for trabalhado ocasionará mudanças irreversíveis em sua vida.

DEFESAS INTRAPSÍQUICAS

São sensações, comportamentos, pensamentos e ações fora do controle da vontade do indivíduo e que mantêm características comuns aos modelos e áreas de onde surgiram. Têm como função impedir a conscientização do material excluído e depositado na Zona de PCI. São as *defesas conversivas e fóbicas ligadas ao Modelo do Ingeridor, defesas de atuação e depressivas ligadas ao Modelo de Defecador e as defesas de idéias obsessivas e rituais compulsivos ligados ao Modelo de Urinador.*

DESESTABILIZAÇÃO PSICOLÓGICA

É quando o acomodamento psicológico é rompido de forma mais ou menos brusca ocasionando uma situação de crise.

DIVISÃO INTERNA

É a mesma situação que acontece no conflito, mas neste caso o confronto *conteúdo x impedimento* é verbalizado e gradativamente vai se transformando num confronto *material excluído (conteúdo) x conceito de identidade vigente e FMI (impedimento).*

ESPELHO QUE REFLETE

Modalidade da técnica do espelho em que o terapeuta repete o discurso do cliente em direção ao próprio cliente e, após a resposta, troca de papel com o cliente e continua a repetir o diálogo. Desta forma força-se o cliente a conversar consigo mesmo. Durante o espelho o terapeuta no papel de cliente deve sempre pressionar visando uma resposta do cliente a sua pergunta ou questão proposta pelo próprio cliente quando neste lado da conversa. É uma Interpolação de Resistência, que faz parte do Espelho que Reflete.

ESPELHO QUE RETIRA

Modalidade da técnica do espelho em que o terapeuta repete o discurso do cliente em direção a um ego-auxiliar ou almofada enquanto o cliente fica na posição de observador. Em seguida o terapeuta entrevista o cliente para voltar a fazer o espelho e assim por diante. É a técnica de escolha para trabalhar defesa intrapsíquica estabelecida no *setting* terapêutico.

EXACERBAÇÃO DO POD

O mesmo que material justificado.

FIGURAS DE MUNDO INTERNO

São conceitos ou conjuntos de conceitos morais, religiosos, filosóficos, modelos e regras de comportamento, de atitudes e de posturas ditados pelas pessoas e pelas circunstâncias que fizeram parte da infância do indivíduo e ficaram incorporados fazendo parte do conceito de identidade. Cada conceito ou conjunto de conceitos tem um ou uma pessoa representativa, que pode ser pai, mãe, avós, tios, religiosos, professores, etc. O conjunto das FMI firma a cadeia supergóica. As FMI estão registradas no POD e ficam ligadas aos desentendimentos, nas cenas de divisão interna.

FUNÇÃO DELEGADA

É a função afetiva de "ser cuidado, protegido ou orientado" que faltou no desenvolvimento psicológico de 0 a 2 anos e que, não sendo incorporada, passa a ser esperada e exigida de outra pessoa. É a essência do vínculo compensatório.

INSIGHT PSICODRAMÁTICO

É a concientização do material excluído e depositado na zona de PCI.

MATERIAL EXCLUÍDO E DEPOSITADO NA ZONA DE PCI

É composto de vivências, sentimentos, percepções, pensamentos e intenções, em relação a si mesmo ou aos outros que põe em xeque frontalmente o conceito de identidade vigente. Na medida em que confrontam o conceito de identidade e também as FMI e conseqüentemente a Cadeia Superegóica, este material é excluído do conceito de identidade e depositado na Zona de PCI, embora seja um material de POD, que fica como que "esquecido" pelo indivíduo. O resgate do Material Excluído modifica o conceito de identidade tornando-o mais compatível com o verdadeiro "ser" do indivíduo.

MATERIAL JUSTIFICADO

São vivências, sentimentos, pensamentos, ações e percepções que confrontam de maneira mais branda o conceito de identidade e portanto podem continuar registrados no POD consciente. Aparecem como contradições no indivíduo, mas são justificadas e explicadas de modo a parecerem quase coerentes.

MODELOS PSICOLÓGICOS

São os modelos de Ingeridor, Defecador e Urinador que se desenvolvem a partir das vivências somáticas não automáticas (ingestão, defecação e micção). O desenvolvimento dos modelos faz parte do desenvolvimento psicológico e acontece independente da vontade e das condições de vida do indivíduo. Podem ter o seu desenvolvimento facilitado ou dificultado pelas relações entre o bebê e o seu ambiente externo, ou por alterações estruturais nas funções somáticas. Seu desenvolvimento ocorre de 0 a 2 anos e falhas no seu desenvolvimento acarretam uma *sensação crônica de que falta algo* ligada ao núcleo de carência.

NÚCLEO DE CARÊNCIA

É uma sensação de falta que fica ligada ao não completo desenvolvimento do modelo psicológico. Este não desenvolvimento fica ligado a determinadas funções psicológicas que faltaram na relação do bebê com seus pais ou substitutos. O núcleo de carência é a falta de "ser cuidado", "ser protegido", "ser orientado" em determinada fase do desenvolvimento psicológico (0 a 2 anos).

PROCESSO DE BUSCA

Necessidade interna que aparece a partir de 2,5 anos de idade (fechamento do núcleo básico) e do advento do ego. A necessidade é completar a identidade que ficou bloqueada, ocasionando zonas de PCI, convivendo com POD. O processo de busca está ligado a uma perda parcial de identidade, sensação basal de incompleto, de insegurança e de medo, que geram angústia.

PSIQUISMO CAÓTICO E INDIFERENCIADO — PCI

Psiquismo da criança desde a fase intra-útero até os 2 anos de idade. É a base de todo o psiquismo do adulto. Sua característica é a *sensação basal de existir*. Com o desenvolvimento passa por um processo de organização e se transforma em psiquismo organizado e diferenciado — POD. As vivências registradas no PCI não são alcançadas pela memória evocativa, somente pela memória cenestésica (sensações).

PSIQUISMO ORGANIZADO E DIFERENCIADO — POD

É o psiquismo do indivíduo após os 2 anos de idade. É onde ficam os registros das vivências conscientes e do material excluído. É alcançado pela memória evocativa, e é onde estão registradas as figuras de mundo interno, a cadeia superegóica e o conceito de identidade.

VÍNCULO COMPENSATÓRIO

Também chamado de vínculo simbiótico. É um vínculo onde se delega para uma pessoa ou coisas a responsabilidade por determinadas funções psicológicas que o indivíduo não teve e não tem incorporadas (função delegada). O vínculo compensatório é emitido pela indivíduo em relação a outra pessoa ou coisas, independente de esta pessoa ou coisas assumirem a função delegada. O vínculo compensatório tampona e mantém excluída a zona de PCI da identidade do indivíduo.

ZONA DE PSIQUISMO CAÓTICO E INDIFERENCIADO (PCI)

São cotas de psiquismo caótico e indiferenciado (PCI) que ficaram sem se transformarem em psiquismo organizado e diferenciado (POD) pela ação, principalmente dos climas inibidores no desenvolvimento dos modelos psicológicos. As zonas de PCI são três, ligadas aos modelos de ingeridor, defecador e urinador, e são excluídas da identidade e tamponadas pelos vínculos compensatórios ao redor de 2 a 2,5 anos. Ficam registradas nas zonas de PCI *as vivências do clima inibidor, do núcleo de carência, da perda da espontaneidade e tensões musculares crônicas* (couraças). Os registros das vivências na zona de PCI ficam na intensidade com que foram sentidos pelo bebê.

BIBLIOGRAFIA

AGUIAR, M., *O Teatro Terapêutico — Escritos Psicodramáticos*. São Paulo, Papirus Editora, 1990.
ALMEIDA, W. C., *Psicoterapia Aberta — O método do Psicodrama*. São Paulo, Ágora, 1982.

BALLY, G., *El juego como expresión de libertad*. Fondo de Cultura Economica, México, 1964.
BUBER, M., *Eu e Tu*. São Paulo, Cortez e Moraes, 1977.
BUSTOS, D. M., *Psicoterapía Psicodramática*. Buenos Aires, Paidós, 1975.

COOPER, D., Psiquiatria y Antipsiquiatria. Paidós, Buenos Aires, 1971.

EY, H., BERNARD, P. e Brisset, Ch., *Tratado de Psiquiatria*. Barcelona, Toray-Masson, 1965.

FERREIRA-SANTOS, E., *Psicoterapia Breve — Abordagem Psicodramática de situações de crise*. São Paulo, Flumen, 1990.
FREUD, S., *Obras Completas*. Editorial Biblioteca Nueva, Madri, 1967.
FIORINI, H.J., *Teoria e Técnica de Psicoterapias*. Rio de Janeiro, Livraria Francisco Alves, 1976.
FONSECA FILHO, J. S., *Correlações entre a teoria psicodramática de J.L. Moreno e a filosofia dialógica de M. Buber*. Tese de doutoramento, Faculdade de Medicina da USP, São Paulo, 1972.
FONSECA FILHO, J. S., *Psicodrama da Loucura*. São Paulo, Ágora, 1980.
FONSECA FILHO, J. S., Um esquema de desenvolvimento. Trabalho apresentado no Primeiro Congresso Brasileiro de Psicodrama, maio de 1978.

GONÇALVES, S. C., WOLF, J. R. e ALMEIDA, W. C., *Lições de Psicodrama — Introdução ao Pensamento de J. L. Moreno*. São Paulo, Ágora, 1988.

HILL, Lewis B., Psicoterapía en la Esquizofrenia. Buenos Aires, Paidós, 1956.

LAING, R. D., *O Eu e os Outros*. Petrópolis, Vozes, 1978.
LAING, R. D., *O Eu dividido*. Petrópolis, Vozes, 1973.
LOWEN, A., *Bioenergética*. São Paulo, Summus, 1982.
LOWEN, A., *O corpo em terapia*. São Paulo, Summus, 1977.
LOWEN, A., *Narcisismo*. São Paulo, Cultrix, 1986.

MASSARO, G., *Loucura: uma proposta de ação*. São Paulo, Flumen, 1990.
MONTEIRO, R. F., *Jogos Dramáticos*. São Paulo, Ágora, 1994.
MORENO, J. L., *Fundamentos do Psicodrama*. São Paulo, Summus, 1983.
MORENO, J. L., *Psicodrama*. São Paulo, Cultrix, 1975.
MORENO, J. L., *Psicoterapia de Grupo e Psicodrama*. São Paulo, Mestre Jou, 1974.
MORENO, J. L., *Psicodrama*. Buenos Aires, Hormé, 1972.
MORENO, J. L., *Fundamentos de la Sociometria*. Buenos Aires, Paidós, 1972.
MORENO, J. L., *Las Bases de la Psicoterapía*. Buenos Aires, Paidós, 1967.

NAFFAH NETO, A., *Psicodrama — Descolonizando o Imaginário*. São Paulo, Brasiliense, 1979.
NAFFAH NETO, A., *Psicodramatizar — Ensaios*. São Paulo, Ágora, 1980.

PERAZZO, S., *Descansem em Paz os Nossos Mortos Dentro de Mim*. Rio de Janeiro, Francisco Alves, 1986.

ROJAS-BERMUDES, J. G., *Introdução ao Psicodrama*. São Paulo, Mestre Jou, 1970.
ROJAS-BERMUDES, J. G., "El Núcleo del Yo", *Cuadernos de Psicoterapía* (pp. 7 a 41). Buenos Aires, Editora Genitor, Vol. VI, número 1, 1971.
ROJAS-BERMUDEZ, J. G., *Núcleo do Eu*. São Paulo, Natura, 1978.
ROJAS-BERMUDEZ, J. G., *Que es el Psicodrama*. Terceira edição; Buenos Aires, Editora Genitor, 1975.

SEIXAS, M. R. D'A., *Sociodrama Familiar Sistêmico*. São Paulo, Aleph, 1992.
SILVA DIAS, V. R. C. e TIBA, I., *Núcleo do Eu*. São Paulo, Edição dos Autores, 1977.
SILVA DIAS, V. R. C., *Psicodrama — Teoria e Prática*. São Paulo, Ágora, 1987.
SOEIRO, A. C., *Psicodrama e Psicoterapia*; São Paulo, Ágora, 1995 (no prelo).
SPITZ, R., *El primer año de vida del niño*. Madri, Aguilar, 1966.

TIBA, I., *Puberdade e Adolescência — Desenvolvimento Biopsicossocial*. São Paulo, Ágora, 1985.

WATZLAWICK, P., BEAVIN, J. H. e JACKSON, D. D., *Pragmática da Comunicação Humana*. São Paulo, Cultrix, 1977.
WEIL, P., *Esfinge — Estrutura Símbolo do Homem*. Belo Horizonte, Itatiaia, 1977.
WEIL, P., *As Fronteiras da Regressão*. Petrópolis, Vozes, 1977.
WOLFF, J. R. A. S., *Onirodrama*. Contribuição aos Estudos dos Sonhos em Psicoterapia Psicodramática. Dissertação de mestrado, Faculdade de Medicina da USP, São Paulo, 1981.
WOLFF, J. R. A. S., *Sonho e Loucura*. Ática, Série Princípios, São Paulo, 1985.